VERÄNDERT
EUCH!

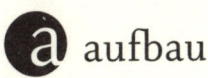 aufbau

VERÄNDERT EUCH!

DAS MANIFEST ZUR ENERGIE-WENDE

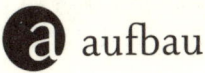 aufbau

ISBN 978-3-351-02742-1 | Aufbau ist eine Marke der Aufbau Verlag GmbH & Co. KG | 1. Auflage 2011 | © Aufbau Verlagsgruppe GmbH & Co. KG, Berlin 2011 | Umschlaggestaltung hißmann/heilmann, hamburg | Typografie Renate Stefan, Berlin | Gesetzt aus der 28 Days Later & der Stempel Garamond durch Greiner & Reichel, Köln | Druck und Bindung CPI – Clausen & Bosse, Leck | Printed in Germany | www.aufbau-verlag.de

INHALT

WARUM DIESES BUCH?

Die Kanzlerin, ansonsten in ihrer Dynamik eher am großen Aussitzer Helmut Kohl geschult, macht eine derart rasante Kehrtwende, dass selbst engen Mitstreitern schwindlig wird und manchem Atomboss übel: Sie hat neue Erkenntnisse gewonnen. Die FDP bemüht sich, die traditionelle Anti-Atompartei noch auf dem Grünstreifen zu überholen, und ein bayerischer CSU(!)-Umweltminister ruft den Wettstreit mit dem neugrünen Bundesland Baden-Württemberg aus, wer denn den Atomausstieg schneller schafft. Die Politik hat gelernt, die Notwendigkeit einer Energiewende ist gesellschaftlicher Konsens – wozu dann noch dieses Buch? Wird es nicht ohnehin von der Nachrichtenlage überholt werden, ganz gleich, wie schnell die Druckerpresse rattert? Und braucht die Welt ein weiteres Buch, in dem sich Gleichgesinnte gegenseitig ihrer richtigen Gesinnung versichern?

Ach, wenn es doch so wäre. Doch die Fakten sehen leider vollkommen anders aus.

Während in Fukushima als Akt der Verzweiflung Abertausende Tonnen radioaktiv verseuchtes Wasser ins Meer und in die Nahrungskette gepumpt werden, kontert ein deutscher Minister die Überlegung, alle acht vorläufig abgeschalteten Atommeiler endgültig vom Netz zu nehmen, mit den weisen Worten: »Eine der größten Volkswirtschaften der Welt kann man nicht aus dem Bauch heraus regieren.« Es ist übrigens derselbe Minister, der im Protokoll eines Treffens mit dem BDI mit der Aussage zitiert wird, das Moratorium sei aus wahltaktischen Gründen zustande gekommen. Dazu passt die gelassene Äußerung eines führenden Energiemanagers, nach Ablauf eben dieses Moratoriums beginne ein »völlig neues Spiel«, bei dem »die Karten neu gemischt« würden. Der besorgte Bürger glaubt sich verhört zu haben – spielt da jemand mit uns Monopoly, wo das Elektrizitätswerk einzig als unerschütterlicher Renditebringer zählt, oder geht es hier gerade um unsere Zukunft? Der Versuch eines großen Energiekonzerns, den Lauf der Dinge juristisch aufzuhalten, deutet eher in Richtung Monopoly.

Doch wenigstens die Politik hat gelernt. Dahingestellt mag bleiben, ob sie aus dem Atomdesaster oder aus dem Wahldesaster gelernt hat. Das dürfte ohnehin nicht für jeden einzelnen Politiker in gleicher Weise zu beantworten sein. So oder so bleibt aber fraglich, inwieweit auch eine runderneuerte Politik auf Kurs bleibt, wenn die Mühen der Ebene eines konsequenten Atomausstiegs vielleicht einmal Katerstimmung beim Wahlvolk erzeugen. Dessen Kopfschmerzen werden gewiss nicht gelindert durch die von den lobbyistischen Lautsprechern dröhnende propagandistische Berieselung mit schwarzmalerischen Zukunftsszenarien: einem drohenden Energieblackout, unvermeidbarer Umweltverschmutzung ohne »saubere« Kernenergie, unkalkulierbare Kosten, Verlust der internationalen Wettbewerbsfähigkeit und dergleichen Schreckgespenster mehr. Was also, wenn sich der Wähler wankelmütig zeigt? Wird die Politik dann tun, was ihres Amtes ist? Wird sie sich an aus Faktenanalyse und Verantwortung, aus Vorausschau und Vision gewonnene Handlungsgebote konsequent halten? Wie sehr ist überhaupt auf eine politische Landschaft Verlass, in der ein abgewählter Kanzler flugs in den Dienst eines großen Energiekonzerns treten kann und auch auf den Hierarchieebenen darunter verblüffende Verflechtungen an der Tagesordnung sind (in diesem Band exemplarisch in dem Text von Hans Leyendecker sowie jenem aus der ZEIT stammenden Beitrag zur Laufzeitverlängerung nachzulesen)? In der Atommüll in völlig ungeeigneten Salzstöcken verrottet oder in der die EU als Reaktion auf erhöhte Strahlung in japanischen Produkten schlichtweg die Grenzwerte erhöht?

Auf wen also soll sich der durch die aktuellen Ereignisse aufgeschreckte, zahllosen widersprüchlichen Wahrheiten ausgesetzte Normalmensch in solch überlebenswichtigen Fragen verlassen? Darauf gibt es leider nur eine Antwort: Am ehesten auf sich selbst, auf den so oft beschworenen und der Politik doch genauso oft lästigen mündigen Bürger. Diesem Bürger Handreichungen zu bieten beim Bemühen um die Emanzipation von den vielfältigen Manipulationsversuchen, denen er ausgesetzt ist, ist eine der vornehmsten Aufgaben eines seriösen Buchverlages. Seit der Wende hat der Aufbau Verlag immer wieder die Problematik von Atompolitik und Umwelt thematisiert, von Igor Trutanows Bericht über die Hölle von Semipalatinsk zu Peter Auers Geschichte der Atombombe, von Michael D'Antonios Porträt der atomaren Gesellschaft Amerikas bis zu Rainer Grießhammers Klimaknigge.

Mit dem vorliegenden Manifest zur Energiewende wollen wir unvoreingenommene, über den Tag hinaus gültige Information zu den wesentlichen Aspekten dieses Themas liefern, über Lobbystrukturen, über in technischer und ökonomischer Hinsicht realistische Energiealternativen, über das Endlagerproblem, das politische System und seine notwendigen Veränderungen, über die nicht nur zu befürchtenden, sondern auch eingetretenen Unglücksfälle, über Gefährdungsaspekte aller, auch terroristischer Art, über Alternativen für den Einzelnen in Bewusstsein und Verhalten. Was er aus diesen Informationen für Erkenntnisse und Konsequenzen zieht, muss jeder Einzelne entscheiden. Das Beispiel der vielen, die an den Wahlurnen und auf den Straßen gezeigt haben, dass sie sich verändert haben und von der Politik Veränderung fordern, kann bei dieser Entscheidung eine Richtung weisen.

RENÉ STRIEN, Verlegerischer Geschäftsführer
Aufbau Verlag GmbH & Co. KG

WARUM NICHT AUCH EINMAL WIR

Auszug aus
Störfall. Nachrichten eines Tages (1987)
von CHRISTA WOLF

Eines Tages, über den ich in der Gegenwartsform nicht schreiben kann, werden die Kirschbäume aufgeblüht gewesen sein. Ich werde vermieden haben, zu denken: »explodiert«; die Kirschbäume sind explodiert, wie ich es noch ein Jahr zuvor, obwohl nicht mehr ganz unwissend, ohne weiteres nicht nur denken, auch sagen konnte. Das Grün explodiert: Nie wäre ein solcher Satz dem Naturvorgang angemessener gewesen als dieses Jahr, bei dieser Frühlingshitze nach dem endlos langen Winter. Von den viel später sich herumsprechenden Warnungen, die Früchte zu essen, deren Blüte in jene Tage fiel, habe ich an dem Morgen, an dem ich mich wie jeden Morgen über das Treiben der Nachbarshühner in unserer frischen Grassaat ärgern mußte, noch nichts gewußt. Weiße Leghorn. Das beste, was man von ihnen sagen kann, ist, daß sie auf mein Klatschen und Zischen hin angstvoll, wenn auch verwirrt reagieren, immerhin ist eine Mehrheit von ihnen aufgescheucht in Richtung auf das Nachbargrundstück gelaufen. Eure Eier, habe ich gedacht, schadenfroh, werdet ihr womöglich für euch behalten können. Und jener Instanz, die von früh an begonnen hat, mich aus einer sehr fernen Zukunft aufmerksam zu betrachten – ein Blick, nichts weiter –, habe ich zu verstehen gegeben, daß ich mich von nun an an nichts mehr gebunden fühlen würde. Frei, zu tun und vor allem zu lassen, was mir beliebt. Jenes Ziel in einer sehr fernen Zukunft, auf das sich bis jetzt alle Linien zubewegt hatten, war weggesprengt worden, gemeinsam mit dem spaltbaren Material in einem Reaktorgehäuse ist es dabei gewesen zu verglühen. Ein seltener Fall –

[...]

Nicht unvorbereitet, doch ahnungslos werden wir gewesen sein, ehe wir die Nachricht empfingen. War uns nicht, als würden wir sie wiedererkennen? Ja, habe ich eine Person in mir denken hören, warum immer nur die japanischen Fischer. Warum nicht auch einmal wir.

Die Vögel und der Test.

Leichtfertig und unbesorgt habe ich das Wasser beim Duschen an mir herunterrinnen lassen. Jeder einzige der zahllosen Experten, die jetzt wie Pilze aus der Erde schießen (Pilze! ungenießbar für diese Saison!), hat das Grundwasser für noch lange, lange nicht – vielleicht diesmal überhaupt noch nicht! – gefährdet erklärt. In einem Bächlein helle. Es ist eine Unart, beim Duschen zu singen. Auch erschwert es, aus dem kleinen Radiogerät Marke Sanyo die Nachrichten zu empfangen, in welche DIE NACHRICHT jede Stunde umgemünzt und zerkleinert wird. Die launische Forelle. Speicherfisch für radioaktive Zerfallsprodukte. Je nachdem, welcher der Parteien, in die auf vorhersagbare Weise die Öffentlichkeit zerfällt, der Experte angehört hat und ob er Optimist oder Pessimist gewesen ist, hat er gesagt: Nein. Keinesfalls wird der Reaktorkern durchschmelzen. Oder: Aber doch. Doch, doch: Auch das ist gar nicht ausgeschlossen. Dann wäre jene Erscheinung zu erwarten gewesen, die der Humor der Wissenschaftler so anschaulich »Chinasyndrom« getauft hat. Solange der Brand nicht gelöscht gewesen ist – und Graphitbrände, Bruder, das wirst du nicht wissen, sind, so schwer sie entstehen mögen, unglaublich schwer zu löschen, haben wir erfahren müssen –, solange die Kettenreaktion weitergeht, kann der Reaktorkern, sich durch den Erdmittelpunkt durchschmelzend, aktiv bleiben, bis er, verwandelt sicherlich, aber immer noch strahlend, bei den Antipoden wieder herauskäme. Entsinnst du dich, Bruder, an das tiefe Loch, das wir auf dem Sandberg vor unserem Haus gruben und in das wir, gehörig mit Warnschildern versehen, eine Bierflasche voller Salzsäure versenkten, der wir zutrauten, daß sie sich zu den Antipoden durchfressen würde? Erinnerst du dich an den Brief, den wir, in Zellophan wasserdicht eingewickelt, am Hals der Flasche festgebunden hatten? An seinen Inhalt?

Brüder und Schwestern – so redeten wir die Antipoden an und baten sie dringlich, uns an unsere Adresse, die wir natürlich angaben, den Empfang unserer Flaschenpost zu bestätigen.

Direkt dankbar ist man ja gewesen, wenn man sich etwas bildlich hat vorstellen können. Dem Einfall, ob wir uns nicht beizeiten bei den Antipoden entschuldigen sollten, habe ich nicht nachhängen können, weil ich zuhören mußte, was ein Radiosprecher einen anscheinend jüngeren Experten gefragt hat, der freundlicherweise zu ihm ins Studio gekommen war: Was denn er heute mit seinen Kindern machen würde, gesetzt den Fall, er hätte welche. Er hat welche. Er, hat er gesagt, hat seiner Frau nahegelegt, den Kindern heute keine Frischmilch, keinen Blattspinat und keinen grünen Salat zu geben. Auch nicht in den Park oder in den Sandkasten mit ihnen spielen zu gehn, vorsichtshalber. Da habe ich, während ich die Zahnpasta auf die Zahnbürste gedrückt hab, jemanden sagen hören: So. Soweit hat es kommen müssen.

CHRISTA WOLF, 1929 in Landsberg/Warthe (heute Gorzów Wielkopolski) geboren, lebt in Berlin und Mecklenburg. Mit Romanen wie *Der geteilte Himmel*, *Nachdenken über Christa T.*, *Kindheitsmuster* oder *Kassandra* gehört sie zu den wichtigsten deutschen Gegenwartsautoren. Zuletzt erschien *Stadt der Engel oder The Overcoat of Dr. Freud*.

WER MIT WEM?

von HANS LEYENDECKER

Kurz nach dem Super-GAU von Tschernobyl erschien in den achtziger Jahren in Deutschland das Lexikon »Wer mit wem in Atomstaat und Großindustrie«. Herausgeber der Publikation mit signalrotem Einband war die Forschungsgruppe »AG Atomindustrie«, die sich seit 1978 mit Themen der deutschen Energiewirtschaft beschäftigte.

Beschrieben wurden etwa hundert Unternehmen, Organisationen und Vereinigungen, die der Atomindustrie zugeordnet wurden. Lesenswert war insbesondere das Personenregister, das rund sechshundert Namen umfasste: »Die Zahl ist nicht ganz zufällig – so groß bzw. klein ist nämlich tatsächlich der harte Kern der Atomlobby. Es hätten aber auch 1000 oder 2000 sein können, wenn man die Leisetreter, Techniker, Wissenschaftler und Lokalpolitiker miteinbezogen hätte«, hieß es in einer »Gebrauchsanleitung« zu dem Handbuch.

»Seit Beginn des Atomzeitalters« gebe es in Deutschland einen »Atomfilz«. Diese »Verfilzung von Wissenschaft, Beamtenschaft, Gewerkschaften, Industrie und Politik« sei nicht zufällig, sondern »beabsichtigt und höchst funktional«. Alle »Teilnehmer an der Verfilzung« versuchten »natürlich nach außen bzw. gegenüber der Öffentlichkeit ein politisch und wissenschaftlich neutrales Image zu pflegen«. Abgerundet wurde das dicke Buch durch ein Glossar wichtiger Begriffe des Atomzeitalters, das von A wie »Atombombe« bis Z wie »Zwischenlager« reichte.

Im Kern hat die vor zweieinhalb Jahrzehnten getroffene Analyse auch heute noch Bestand: Im Atombereich ging es viele Jahre darum, möglichst »widerstandsfrei, lautlos und profitabel Großprojekte durchzuziehen« – die Atomlobby verfügte zu allen Zeiten über viel Geld und viel Einfluss.

In Berlin tummeln sich Kontaktpfleger aller Art. Mehr als einhundert Unternehmen und über 1600 Verbände versuchen, mit Hilfe von Interessenvertretern in das Räderwerk von Parlament und Regierung einzugreifen. Die Verbände spielen dabei eine immer unbedeutendere Rolle. Die großen Unternehmen selbst organisieren sich oft zu neuen, manchmal branchenübergreifenden Interessengruppen. Jedem Abgeordneten des Bundestages stehen mehr als ein Dutzend Lobbyisten gegenüber, von denen viele geschmeidig die Seiten gewechselt haben.

Als gewöhnlicher Lobbyismus gilt dabei das Bemühen von Unternehmen und Wirtschaftsverbänden, mit Exekutive und Legislative in nutzbringender Verbindung zu bleiben. Nimmermüde warnen deshalb seit Jahrzehnten Verfassungsrechtler, das Treiben der

Lobbyisten könne wirtschaftliche Macht ohne Mandat in politischen Einfluss verwandeln.

Aber wenn auch Exekutive und Legislative mit Interessenvertretern einer Branche durchsetzt sind, geht es nicht mehr um Lobbyismus, sondern um Lobbykratie, die die Demokratie gefährden kann. Keine andere Branche war und ist enger mit der Politik und den Verwaltungsapparaten verflochten als die Energiewirtschaft.

»Auch bei mittleren Beamten ist eine Verhaltensweise aufzuspüren, die uns beunruhigt«, schrieben die Autoren des roten Lexikons. Häufig sei es »zu einem besonders auffälligen Konsens zwischen den Beamten einerseits und der Atomindustrie andererseits gekommen«.

Bei einer Neuauflage des Lexikons im Jahr 2011 müsste man die Namen der knapp sechshundert Lobbyisten durch andere Namen ersetzen, aber an den alten Feststellungen würde sich nicht viel ändern.

ZUM BEISPIEL GERALD HENNENHÖFER, JAHRGANG 1947:

Der Jurist hat sich in unterschiedlichen Positionen als Interessenvertreter der Kernenergie verdient gemacht. Vor allem im Staatsdienst erwarb er sich den Ruf eines Atomlobbyisten.

Von 1994 bis 1998 war Hennenhöfer Leiter der Abteilung Reaktorsicherheit im Bundesministerium für

Umwelt unter der Ministerin Angela Merkel. Er wies das Umweltministerium in Sachsen-Anhalt an, Atommüllfässer in der einsturzgefährdeten Salzgrube zu Morsleben einzulagern. Es gebe »keine Gründe«, so Hennenhöfer, »die Standsicherheit« der Einlagerungshohlräume »in Frage zu stellen«. Dem Land Hessen untersagte er mit einer weiteren Weisung, den anfälligen Reaktor Biblis A stillzulegen.

Nach dem Regierungswechsel im Jahr 1998 wurde Hennenhöfer von dem grünen Umweltminister Jürgen Trittin in den einstweiligen Ruhestand versetzt. Auch musste mit der Sanierung des Endlagers Morsleben begonnen werden, um den drohenden Einsturz zu verhindern.

Der Beamte a. D. wechselte gelenkig als Generalbevollmächtigter für Wirtschaftspolitik zum Energiekonzern Viag, der bis Mitte der achtziger Jahre noch zu hundert Prozent dem Staat gehört hatte.

Hennenhöfer führte Verhandlungen zu Atomfragen mit der rot-grünen Regierung. Er war beteiligt an der Fusion der Viag mit der Veba zu E.on und dem Umbau zu einem Energiekonzern. Im Jahr 2004 heuerte er in einer Bonner Anwaltssozietät an. Er beriet unter anderem den damaligen Betreiber des Versuchsendlagers Asse II und fertigte ein Rechtsgutachten zum Thema der Strommengenübertragung von neueren Atomkraftwerken auf ältere Meiler: »Maßgeblich sind vom Betreiber darzulegende betriebswirtschaftliche Gründe«, schrieb Hennenhöfer. »Sicherheitsfragen sind hingegen nicht maßgeblich.« In

einem Aufsatz kritisierte Hennenhöfer das Bundes-
verwaltungsgericht. Die Richter hatten gezielt her-
beigeführte Flugzeugabstürze durch Terroristen als
Gefahren definiert, die nicht mehr nur dem Restrisiko
zuzurechnen seien. Anwohner eines Zwischenlagers
hätten zur Gefahrenabwehr gegen Terroranschläge ein
einklagbares Recht. Hennenhöfer sah das anders. Im
Dezember 2009 wurde Hennenhöfer wieder Leiter der
Abteilung Reaktorsicherheit im Umweltministerium
unter Umweltminister Norbert Röttgen.

Auch bei den Energieunternehmen hat es wichtige Veränderungen gegeben. Einige Namen sind ver-
schwunden, es gab Fusionen, der Markt ist übersicht-
licher geworden. Die Stromlobby 2011 besteht auf
Unternehmensseite im Wesentlichen nur noch aus den
Konzernen Vattenfall, EnBW, RWE und E.on, die ein
Netzwerk über das ganze Land gespannt haben.

ZUM BEISPIEL JÜRGEN GROSSMANN,
JAHRGANG 1952:

Zum »Lobbyisten des Jahres«, zum »Großmeister des
Premium-Lobbyismus«, ernannte ihn im Dezember
2010 das *Handelsblatt* – und das war keine Übertrei-
bung. Großmann ist seit Oktober 2007 Vorstandsvorsitzender von RWE. Er setzte brachial und so erfolgreich wie kein anderer Industrieller seine Interessen
durch. Der rund zwei Meter große, sehr massige Top-
Manager wird auch der »Greifer« genannt, weil er

nicht mehr loslässt, was er in den Fingern hat. Besitzer einer Stahlhütte und Milliardär ist er auch.

Der Öffentlichkeit ist ein Bild aus den Augusttagen des Jahres 2010 überliefert. Kanzlerin Angela Merkel besuchte das Kernkraftwerk in Lingen, das RWE und E.on gehört. Weil es nieselte, nahm Großmann die Regierungschefin unter seinen großen blauen RWE-Schirm und das Foto bekam danach symbolische Bedeutung: Die Dame stand unter seinem Schutz – und den brauchte sie auch.

Die Regierung bastelte damals an einem neuen Energiekonzept, und in der Koalition gab es Streit über den richtigen Weg. Cheflobbyist Großmann und die anderen Bosse der Stromunternehmen entwarfen einen »Energiepolitischen Appell«, in dem sie für längere Laufzeiten für die siebzehn deutschen Atomkraftwerke plädierten. Viele Dax-Vorstände wie Josef Ackermann (Deutsche Bank) oder Ekkehard Schulz (Thyssen-Krupp) unterzeichneten den Appell, der in zahlreichen Zeitungen erschien. Das Märchen von der Stromlücke wurde in die Welt gesetzt.

Großmann und seine Kollegen, darunter der Vattenfall-Vorstandsvorsitzende Lars Göran Josefsson, den die Kanzlerin zum Klimaberater ernannt hatte, obsiegten. Der von der rot-grünen Regierung 2002 beschlossene »Atom-Konsens« wurde aufgekündigt – die deutschen Atomkraftwerke, so wurde im Herbst 2010 vereinbart, durften im Durchschnitt zwölf Jahre länger laufen. Das letzte Kernkraftwerk sollte nicht schon 2025, sondern erst gegen 2040 vom Netz gehen.

Die Branche, so errechnete damals das Öko-Institut, würde in diesem Zeitraum Zusatzerlöse von mindestens 57 Milliarden Euro kassieren.

Wer also hatte die Macht im Land? Es war nie leicht, gegen Wirtschaft und Industrie zu regieren, aber selten hat sich eine Regierung so zum Büttel des Kapitals gemacht, wie die Regierung Merkel.

Zum Atomfilz gehörten immer schon Helfer in den Parlamenten. Die Union habe 1982 »alle wichtigen Funktionen« in der Fraktion »mit Personen besetzt, die aus der Atomindustrie kommen oder zumindest dort Karriere gemacht haben«, steht in besagtem Handbuch, das die Namen von »eindeutigen Atomlobbyisten« im Bundestag auflistet.

Längst sind Parlamentarier Teil des Systems der organisierten Interessen geworden. Sie sitzen in Verbandsvorständen oder Aufsichtsräten und verdienen sich ein Zubrot als Firmenberater. Da die Abgeordnetenbüros, anders als beispielsweise in den USA, nicht über große Mitarbeiterstäbe verfügen, sind manche Volksvertreter für Handreichungen dankbar. Abgeordnete halten nicht selten Reden, die in den Zentralen von Stromunternehmen erarbeitet wurden.

In einem Essay von Martin Sebaldt (»Der deutsche Bundestag im Gefüge organisierter Interessen seit Mitte der siebziger Jahre«) plauderte ein Verbandsvertreter aus der Praxis: »Wenn Sie eine bestimmte Entwicklung befürchten oder wissen, dass da was in der Regierung läuft, und Sie wollen, dass das auf den Tisch kommt, dann brauchen Sie einen Abgeordneten, der eine Anfrage stellt. Optimal ist es natürlich, wenn Sie dem Abgeordneten die Frage schreiben und dem Staatssekretär die Antwort. Dann haben Sie Ihr Geld für den Monat verdient.«

Auch hat die Stromlobby viele Jahre hauptamtliche Kommunalpolitiker mit Posten und Tantiemen versorgt. Keiner war ihr zu gering. Aber es gibt auch die Überzeugungstäter.

ZUM BEISPIEL DER CDU-BUNDESTAGS-ABGEORDNETE JOACHIM PFEIFFER, JAHRGANG 1967:

Als Pfeiffer 2002 erstmals in den Bundestag einzog, wurde er gleich Koordinator für Energiefragen und stellvertretender wirtschaftspolitischer Sprecher der CDU/CSU-Bundestagsfraktion. Früher hatte er bei der Energie-Versorgung Schwaben AG unter anderem im Bereich Controlling gearbeitet. Der Abgeordnete des Wahlkreises Waiblingen, der seit 2009 wirtschaftspolitischer Sprecher der CDU/CSU-Bundestagsfraktion ist, wurde zu einem der wichtigsten und verlässlichsten Verbündeten der Energiekonzerne im Parlament.

Als »Ökostalinisten« bezeichnete er Abgeordnete der Grünen und scheute für die Kernkraft auch keine Konflikte in den eigenen Reihen. Als Umweltminister Röttgen zeitweise nicht auf Kurs war und im Frühjahr 2010 mit Atomkritikern des Umweltrates gemeinsame

Sache zu machen schien, legte Pfeiffer los. Röttgen orientiere sich »nicht an den Fakten, sondern verfolge andere Ziele«, sagte Pfeiffer in einem Interview der *taz:* »Es gilt zu ermitteln, wie lange wir die Kernenergie als Brücke brauchen. Aber statt das zu tun, hat der Umweltminister Arbeitsverweigerung betrieben – oder sogar Obstruktion.« Pfeiffers Parteifreund Mappus, der damals noch Baden-Württembergs Ministerpräsident war, ging noch weiter. Er forderte sogar Röttgens Rücktritt.

Pfeiffer ließ erst von Röttgen ab, als dieser eine Wende vollzog und die Verlängerung der Laufzeiten für die Atommeiler im Parlament als »revolutionäres Konzept« verkaufen wollte. Da klatschte Pfeiffer Beifall.

Parlamentarier wie er beherrschen das Vokabular des Atomfreunds perfekt: Hundertprozentige Sicherheit gibt es nicht; auch wenn wir aussteigen, sind wir von Atomkraftwerken umgeben; Risiko gehört zum Leben; es geht bei der Atomfrage um die Sicherung der Wettbewerbsfähigkeit des Industriestandortes Deutschland; zentrales Bemühen muss es sein, die Wettbewerbsfähigkeit des Industriestandorts Deutschland durch wettbewerbsfähige Strompreise zu erhalten.

Dann bebte die Erde in Japan und Pfeiffer, der so leidenschaftlich für die Laufzeitverlängerung gekämpft hatte, warnte vor »Aktionismus und Schnellschüssen«. Die Ereignisse hätten »deutlich gemacht, welche Folgen ein Erdbeben und ein Tsunami auch in einer Hightech-Nation wie Japan haben könnten«, sagte er im Bundestag.

In einem Offenen Brief von 650 Unterzeichnern aus dem Jahr 1975 heißt es: »Aufgrund unserer Kenntnisse vertreten wir die Meinung, dass die Gefahren der Kernenergie derzeit in ausreichendem Maße beherrscht werden und dass … dies auch für den … weiteren Ausbau der Fall ist. Dies gilt für die Strahlenbelastung der Umgebung von Kernenergieanlagen im Normalbetrieb und im Falle des Größten Anzunehmenden Unfalls«. Die Restrisiken würden »ernst genommen«, seien aber »vertretbar«, wenn man »sie am zivilisatorischen Gesamtrisiko misst«.

Am 24. März 2011 erklärte der CDU-Parlamentarier Pfeiffer im Bundestag: »Wir sind gut beraten, darauf zu achten, Herr Trittin, dass der Kernschmelze, die in Japan droht, nicht die Hirnschmelze in Deutschland folgt.« Das Protokoll verzeichnete danach »Beifall bei CDU/CSU und FDP« sowie einen erbosten Zwischenruf des Abgeordneten Hermann Ott von Bündnis 90/Die Grünen.

HANS LEYENDECKER, Jahrgang 1949, ist Ressortleiter für Investigative Recherche bei der *Süddeutschen Zeitung*. Er hat zahlreiche Bücher, zuletzt *Die große Gier*, veröffentlicht.

Er wurde vielfach ausgezeichnet, zuletzt mit dem *Helmut-Schmidt-Preis*.

WIE KAM ES ZUR LAUFZEITVERLÄNGERUNG?

von ANITA BLASBERG, MATTHIAS GEIS,
TINA HILDEBRANDT, ANNA KEMPER,
ROLAND KIRBACH, HENNING SUSSEBACH,
WOLFGANG UCHATIUS und STEFAN WILLEKE

Rainer Baake müsste sich daran erinnern können, was übriggeblieben ist von dem Tag, an dem sich Deutschland zum ersten Mal gegen die Atomkraft entschied. Aber er erinnert sich an nichts, an keinen großen symbolischen Augenblick, nicht mal an ein Foto.

Im Mai des Jahres 2000 war Baake Staatssekretär unter dem grünen Umweltminister Jürgen Trittin. Er war Trittins wichtigster Mann, er hatte den Atomausstieg vorbereitet. Doch nicht einmal Baake würde heute von sich behaupten, dass er damals Erleichterung empfand. »Wir hatten etwas Wichtiges erreicht, wir, unsere Generation«, sagt der heute 55-Jährige, »aber es gab keinen Grund zum Feiern.«

Ein halbes Jahr lang hat er sich damals in Berlin immer wieder mit denselben sechs Männern getroffen: dem Staatssekretär Frank-Walter Steinmeier aus dem Kanzleramt, dem Staatssekretär Alfred Tacke

aus dem Wirtschaftsministerium und vier Abgesand-
ten der Energiekonzerne Veba, Viag, RWE und Energie Baden-Württemberg (EnBW). Mal verhandeln sie
im ehemaligen Gebäude des Staatsrats der DDR, wo
das Kanzleramt zu Beginn der rot-grünen Koalition
untergebracht ist, mal treffen sie sich im Büro eines
Stromkonzerns am Pariser Platz.

Die sieben Männer wechseln die Orte und hüten
sich vor Journalisten. Nichts soll die Verhandlungen
stören, nichts darf herauskommen. Sie sind die Hin-
termänner in einem politischen Geschäft.

Baake hat zwar die Rückendeckung seines grünen
Ministers, aber der Kanzler ist Sozialdemokrat und
heißt Gerhard Schröder, ein Freund der Industrie. Alles im Konsens mit der Atomwirtschaft, nichts gegen
sie – das ist Schröders Kurs. Im Wirtschaftsministerium regiert sein Vertrauter Werner Müller, der nach einer Karriere bei RWE und Veba in die Politik gewechselt ist. Müller taktiert während der Verhandlungen
um den Atomausstieg, Innenminister Otto Schily hat
rechtliche Bedenken.

Am Ende, nach sechs Monaten Verhandlung, treffen sich Trittin, Schröder und die Energiebosse im
Kanzleramt. Es ist der 14. Mai 2000, der Stromkon-
zern E.on hat die prominente Köchin Sarah Wiener für
das Catering engagiert. Schröder will die Sache endlich
vom Tisch haben, macht den Firmenchefs ein »letz-
tes Angebot«, wie er sagt – und die Manager schla-
gen ein. Die Vereinbarung: Jedes Atomkraftwerk darf
von seiner Inbetriebnahme an zweiunddreißig Jahre

lang laufen. Es ist ein Atomausstieg, der den Grünen die Laune verdirbt: zweiunddreißig Jahre, eine Ewigkeit! Trittin und seine Leute ziehen sich in ein italienisches Restaurant am Gendarmenmarkt zurück und diskutieren die halbe Nacht. Ein Gesetz muss her, sagen sie, nicht nur eine Abmachung. Ein richtiges Ausstiegsgesetz. Wenigstens das.

Als die Novellierung des Atomgesetzes endlich beschlossen und das Ende der Atomkraft besiegelt ist, im Februar 2002, lädt Minister Trittin in die schleswig-holsteinische Landesvertretung in Berlin ein. Sektgläser werden verteilt, aber es will keine Stimmung aufkommen. Trittin hält eine kurze Rede, sein Parteikollege Joschka Fischer spricht von Meilensteinen, ein paar Hundert Politiker und Beamte hören zu. Nach zwei Stunden ist alles vorbei. Der Kanzler ist nicht erschienen.

Wie kann es sein, dass damals niemand den Atomausstieg feiern wollte? War er gar nicht so gemeint? Ist er es heute? Die Bundesregierung hat nach der Tragödie in Japan entschieden, sieben Atommeiler sofort vom Netz zu nehmen. Das klingt nach einem festen Beschluss. Wie lange mag er halten?

Und wie ist es zu erklären, dass im Jahr 2000 ein geordneter Rückzug aus der Kernkraft vereinbart wird, der zehn Jahre später, im Herbst 2010, durch eine Verlängerung der Laufzeiten für Deutschlands Atommeiler ersetzt wird? Will man darauf eine Antwort finden, muss man sich diese zehn entscheidenden Jahre genauer ansehen. Die Akteure in der Politik, ihre Motive, ihre Verbündeten. Und die sechs Schritte, mit denen sie ihr Ziel erreichten.

LUXUSTRIP FÜR POLITIKER

Zwar ist ein Ausstieg aus dem Ausstieg in der Großen Koalition nicht möglich, aber die Zeit des Stillhaltens ist jetzt vorbei. Die Kampagne kann beginnen. Bei den Wählern. Und bei den Gewählten.

Im Grunde besteht die Stromlobby aus nur vier Konzernen. Ihr Vorteil ist, dass sie keine reinen Atomkonzerne sind, sondern regional verwurzelte Firmen, die auch Wasser- und Kohlekraftwerke betreiben, Wind- und Solarparks. Sie haben ihre Standorte überall in Deutschland, sind bis tief in die Kommunalpolitik hinein vernetzt, und es geht um viele Arbeitsplätze: 21 000 bei Vattenfall, 20 000 bei EnBW, 70 000 bei RWE, 88 000 bei E.on. Wenn einer der vier Konzernchefs einen Termin im Kanzleramt haben will, bekommt er ihn sofort.

Es gibt keine Branche, die enger mit der Politik verflochten ist, als die Stromwirtschaft. Als CDU-Generalsekretär bezog Laurenz Meyer neben seinem Abgeordnetengehalt Zahlungen seines früheren Arbeitgebers RWE. Michaele Hustedt, die frühere energiepolitische Sprecherin der Grünen, berät heute RWE Innogy, eine Tochterfirma von RWE. Die ehemaligen Politiker Klaus Kinkel (FDP), Rezzo Schlauch (Grüne) und Theo Waigel (CSU) saßen noch 2010 im Beirat

30

des Konzerns EnBW. Der ehemalige SPD-Parlamentarier Reinhard Schultz beriet Vattenfall gegen Honorar, und der ehemalige Wirtschaftsminister Wolfgang Clement sitzt im Aufsichtsrat der RWE Power AG, einer Tochterfirma von RWE.

Schon im ersten Jahr der Großen Koalition werden Abgeordnete vom Lobbyverein Atomforum eingeladen. Ihr Auftreten ist wirkungsvoll: Die Fürsprecher der Stromkonzerne sind meist im Alter ihres Gegenübers. Sie kennen dessen liebsten Fußballverein und erzählen wie zufällig von einem Verwandten, der aus derselben Stadt komme wie der Parlamentarier. »Wohlfühlteil« nennen das die Abgeordneten. Wenig später fragen die Lobbyisten, was die Menschen im jeweiligen Wahlkreis eigentlich dächten, wenn Jobs abgebaut würden. Dann erinnern sie beiläufig daran, welche wichtigen Parteifreunde sie duzen.

Auf den Schreibtischen der Energiepolitiker stapeln sich Einladungen. Das kann eine Fahrt zum Atomkraftwerk Isar 1 und 2 sein oder ein Ausflug zum Meiler Neckarwestheim: Flug von Berlin nach Stuttgart, Bustransfer ins Schlosshotel, Abendessen mit Vortrag eines EnBW-Ingenieurs. Am nächsten Tag Besichtigung des Atomkraftwerks, Mittagsbuffet, dann Ausflug zum Schloss Ludwigsburg.

Das Kalkül der Konzerne ist simpel: Die Wahl Merkels war nur der Anfang. Der eigentliche Regierungswechsel steht noch bevor. Und man kann helfen, ihn herbeizuführen.

Im Jahr 2006 lädt Jürgen Hogrefe, Cheflobbyist des Konzerns EnBW, Journalisten und Politiker zu einem Kinoabend ein. Gezeigt wird Al Gores Klimafilm *Eine unbequeme Wahrheit*. Bei der Begrüßung sagt Hogrefe, er freue sich, dass das Thema Klimawandel »endlich ernst genommen« werde. Der Energieriese und die Klimakatastrophe, nur auf den ersten Blick eine seltsame Kombination.

Mitten in der Klimadebatte ergreifen die Energiewirtschaft und das Atomforum die Chance, das schlechte Image der Atomkraft zu verbessern. Bislang konnten nur die Atomgegner ihre Anhänger durch die stärkste Emotion, nämlich Angst, aktivieren. Jetzt nutzt das Atomforum die Furcht vor dem Klimawandel, um Argumente für die angeblich CO_2-freie Atomenergie zu liefern.

Im Sommer 2007 startet das Atomforum eine Kampagne mit Plakaten und Anzeigen. Ein Bild zeigt weidende Schafe vor dem Atomkraftwerk Brunsbüttel, darunter steht: »Kernkraftwerk Brunsbüttel: Jahreserzeugung sechs Mrd. kWh, CO_2-Ausstoß: Null.« Oder eine Kleingartenidylle, im Hintergrund der Meiler Neckarwestheim: »Dieser Klimaschützer hat dem Treibhauseffekt entgegengewirkt, als es das Wort noch nicht gab.«

Das passt zu einer Strategie, die unter anderem die Unternehmensberatung PRGS in einem internen Papier empfohlen hat: Man solle den »Schulterschluss zwischen Kernkraft und erneuerbaren Energien« betonen, um die »emotionalen Bedürfnisse der Bevölkerung« zu befriedigen.

Im Frühjahr und Sommer 2009 liegen in Clubs und Bars in sechsundachtzig Städten Gratispostkarten der Atomlobby aus. Auf der grellbunten Vorderseite steht zum Beispiel: »Danke … für die letzte Nacht!« Auf der Rückseite: »… und danke für die knusprige Steinofenpizza, für den kühlen Weißwein und für den packenden Film. Vielen Dank, Backofen, vielen Dank, Kühlschrank, vielen Dank, Fernseher! Vielen Dank, Kernenergie!«

Dazu ein Hinweis auf die Website des Atomforums, die nicht nur unter kernenergie.de, sondern auch unter klimaschuetzer.de erreichbar ist.

In dieselbe Richtung zielen Abende wie jener am 4. März 2009 im Berliner Club »40 seconds«. Das Atomforum hat eingeladen, auf dem Podium unterhalten sich eine schwedische Journalistin, ein Vertreter der Jungen Union, ein Biogasunternehmer und Timo Boll, Tischtennis-Europameister, über die Zukunft der Energie in Deutschland. Klingt wie eine bunte Mischung, die Gäste sind allerdings sorgfältig gecastet: Die schwedische Journalistin erklärt, warum Schweden den Atomausstieg rückgängig gemacht hat. Der Biogasunternehmer betont die Bedeutung der Atomenergie als Übergangstechnologie. Timo Bolls ehemaliger Verein TTV Gönnern wird von E.on gesponsert. Einzig Sven Giegold von den Grünen hält dagegen. Auch das gehört zur neuen Strategie: Das Atomforum führt jetzt den offenen Dialog. Ideologisch verkrustet, so die Botschaft, sind die anderen.

In achtseitigen Zeitungsbeilagen, die 2008 und im Wahljahr 2009 unter dem Titel *Zukunfts!Fragen* in der *FAS*, der *FAZ*, der *Welt* und der *Welt am Sonntag* erscheinen, gibt das Atomforum seinen stillen Unterstützern noch einmal Argumente an die Hand: Versorgungssicherheit und Klimaschutz.

EINZUG IN DIE MACHTZENTRALE

Der 27. September 2009 ist ein guter Tag für die Atomwirtschaft, der Sonntag des erhofften Durchbruchs. Deutschland hat gewählt. Und die Wähler hatten keine Angst mehr vor einer Regierung, die im Wahlkampf den Ausstieg aus dem Ausstieg propagiert hat. Mit knapper Mehrheit kommt eine Bundesregierung zustande, die sich aus CDU, CSU und FDP zusammensetzt. Schon am Mittwoch danach, am 30. September, schicken die konservativen Ministerpräsidenten Roland Koch aus Hessen und Günther Oettinger aus Baden-Württemberg ein Schreiben ans Kanzleramt, das mit der Anrede beginnt: »Sehr geehrte Frau Bundeskanzlerin, liebe Angela«. In dem Papier, das Angela Merkels Koalitionsverhandlungen grundieren soll, verlangen die beiden Ministerpräsidenten nicht nur, die Laufzeiten der Atomkraftwerke zu verlängern, sondern die Fristen komplett zu streichen. Das wäre das Ende des deutschen Atomausstiegs, eine Karikatur des Erreichten, eine Kernschmelze der Umweltpolitik. Im Koalitionsvertrag, den die Regierungsparteien am 26. Oktober 2009 beschließen, wird die Kernenergie mit nur zwölf Zeilen erwähnt. Die Koalitionäre nennen sie »Brückentechnologie« auf dem Weg ins Zeitalter der erneuerbaren Energien. Diese Brücke soll sehr lang sein. »Dazu sind wir bereit, die Laufzeiten deutscher Kernkraftwerke ... zu verlängern«, schreibt die Regierung in den Vertrag.

Neuer Umweltminister wird Norbert Röttgen, eigentlich ein Sympathisant schwarz-grüner Koalitionen. Der junge Minister, so Merkels Kalkül, soll die ökologische Glaubwürdigkeit der »Partei der Schöpfung« stärken. Dennoch entlässt Röttgen schnell einen der wichtigsten Männer in seinem Haus: Wolfgang Renneberg, bis dahin Abteilungsleiter Reaktorsicherheit. Renneberg hatte schon im Jahr 2000 gemeinsam mit Rainer Baake den Atomausstieg geplant, er gilt als nüchterner Fachmann, als einer der angesehensten Experten für Reaktorsicherheit. Doch Renneberg hatte in seiner Amtszeit Sätze gesagt, die CDU/CSU und FDP nicht gefallen haben. Zum Beispiel diesen: »Kein Kernkraftwerk in Deutschland ist zu hundert Prozent sicher.«

Für Renneberg kehrt der Atomfreund Gerald Hennenhöfer, ehemals Leiter der Abteilung Reaktorsicherheit im Bundesministerium für Umwelt unter Ministerin Merkel, später Generalbevollmächtigter für Wirtschaftspolitik beim Energiekonzern Viag, in die Politik zurück, auf seine alte Position. Röttgen macht den Lobbyisten wieder zum Leiter der Abteilung Reaktorsicherheit – ein Signal an die Konservativen in der CDU. Röttgen will Karriere machen, er ist neu und unerfahren im Amt – denkbar, dass er Posten eher strategisch besetzt statt inhaltlich. Die Opposition ist entsetzt, Rechtsexperten äußern Bedenken. Der Kasseler Rechtsprofessor Alexander Roßnagel meint, bei Hennenhöfer müsse das sogenannte Mitwirkungsverbot geprüft werden: Es besagt, dass in einem Verwaltungsverfahren nicht mitarbeiten darf, »wer außerhalb seiner amtlichen Eigenschaft in der Angelegenheit ... tätig geworden ist«. Doch jetzt soll ausgerechnet Hennenhöfer mit den Atomkonzernen, denen er gerade noch als Jurist gedient hat, das Ende des Ausstiegs verhandeln.

Auch für den CDU-Politiker Michael Fuchs und seine Freunde scheint damit alles nach Plan zu laufen. Fuchs nennt sie tatsächlich seine »Freunde«, die Manager der Energiewirtschaft. Das müsste man nicht unbedingt erwähnen, wenn Fuchs nicht Abgeordneter des Deutschen Bundestags wäre, einer der Stellvertreter des Fraktionschefs Volker Kauder. Fuchs war lange Zeit nur ein Hinterbänkler, aber er ist immer wichtiger geworden, nachdem Wirtschaftsexperten wie Friedrich Merz die Politik verlassen hatten. Fuchs saß im Vorstand der Bundesvereinigung der Deutschen Arbeitgeberverbände, er war Präsident im Bundesverband des Deutschen Groß- und Außenhandels. Als Unternehmer hat Fuchs viel Geld mit dem Verkauf von Taschenrechnern aus Japan gemacht. Am Revers seines Jacketts trägt er gern ein Deutschlandfähnchen, und er sagt: »Mein Deutschland ist ein Industrieland.«

Jürgen Großmann, den mächtigen Chef von RWE, kennt der Abgeordnete Fuchs seit vierzig Jahren. »Der Jürgen«, sagt Fuchs, wenn er über ihn spricht. Seit Studienzeiten sind sie Freunde. Der Jürgen wurde damals Mitglied der Burschenschaft Hasso-Borussia Freiburg, der auch Fuchs' Brüder angehörten. Mit dem Jürgen telefoniert Fuchs regelmäßig, meist sonntags. Wenn der Jürgen mittags mal im Büro des Christdemokraten Fuchs vorbeischaut, kommt Rotwein auf den Tisch, und der Assistent des Abgeordneten muss mittrinken. Das gehört sich so, wenn der Jürgen sich die Ehre gibt.

Im Frühsommer 2010 heckt Großmann eine Kampagne aus und fragt seinen Freund Fuchs am Telefon: »Machst du mit?« Bekannte Persönlichkeiten, unter ihnen die Chefs der Energiekonzerne, der Boss der Deutschen Bank und der Fußballmanager Oliver Bierhoff, werden einen öffentlichen Appell unterschreiben, in dem sie fordern, an der Kernenergie festzuhalten. »Ich lasse doch meine Freunde nicht im Stich«, sagt Fuchs und unterzeichnet auch – als einziger Abgeordneter des Bundestags. Weil er sich vor Merkels Missbilligung fürchtet, lässt er hinter seinen Namen die Bezeichnung »Unternehmer« setzen.

Fuchs' Freund Großmann ist der auffälligste Mann auf der Westachse der deutschen Atomlobby, die nach Nordrhein-Westfalen führt, zur Schwerindustrie. Die zweite Achse endet in Hannover, wo einst die Firma

PreussenElektra herrschte, die in E.on aufging. Die dritte Achse führt nach Süden, zu Stefan Mappus, dem damaligen Ministerpräsidenten von Baden-Württemberg. Er ist der wichtigste Verbündete der Südlobby und der CDU-Abgeordnete Joachim Pfeiffer aus dem Rems-Murr-Kreis sein Mann fürs Grobe.

Von 2002 an, dem Jahr des rot-grünen Gesetzes über den Atomausstieg, sitzt Pfeiffer im Bundestag, und seit er die Energiepolitik der Union koordiniert, ist er eine Schlüsselfigur. In den neunziger Jahren war er bei der Schwaben AG beschäftigt, die später im Energiezentrum aufging. Pfeiffer fordert Laufzeiten von 60 Jahren. Politiker der Grünen bezeichnet er als »Ökostalinisten«, die Klimapläne der Europäischen Union als »Kampfansage an den Industriestandort Deutschland«.

Jetzt, in der neuen Legislaturperiode, wird Pfeiffer in Berlin zu einem der wichtigsten Männer der Energiekonzerne. Zu einem Krieger in einem innerparteilichen Kampf um die Verlängerung der Kraftwerkslaufzeiten. Denn noch hat sich die Lobby nicht durchgesetzt.

ANGRIFFE AUF DEN MINISTER

Es ist der 5. Mai 2010, an dem der Umweltminister einen dicken DIN-A4-Umschlag vom Sachverständigenrat für Umweltfragen zugestellt bekommt. Im Kuvert steckt, in grün-weißem Einband, ein wissen-

schaftliches Gutachten von sieben Universitätspro-
fessoren. Den Umweltrat gibt es seit vierzig Jahren. Er
soll die Bundesregierungen vor ökologischen Fehlent-
wicklungen warnen. Im Mai 2010 glaubt der Umweltrat eine solche Fehlentwicklung erkannt zu haben: die
geplante Laufzeitverlängerung der Atomkraftwerke.

Auf fünfundneunzig Seiten reißen die Professoren
die Theorie von der Brückentechnologie ein. Atomkraft und Sonnenenergie, Kernkraftwerke und Windanlagen passen technisch nicht zusammen, schreiben
sie. Um erneuerbaren Energien wirklich den Weg zu
bahnen, müsste man die Leistung eines Atomkraftwerks senken können, sobald die Sonne scheint –
und erhöhen, wenn der Wind nicht mehr weht. Doch
Atomkraftwerke könne man nicht ein- und ausschalten wie eine Herdplatte. Oder genauer: Man könne es
schon, aber sie vertrügen es nicht besonders gut. Die
Wahrscheinlichkeit von Störfällen steige. Atomkraftwerke seien als Brücke noch gefährlicher als ohnehin
schon. Das ist die Meinung des Umweltrates.

Die Professoren stellen ihr Gutachten auf einer
Pressekonferenz vor, am nächsten Tag berichten die
Zeitungen. Selten hat eine Stellungnahme des Umwelt-
rates eine solche Aufmerksamkeit erzielt. Der Minister
könnte die Professoren ignorieren, warten, bis neue
Themen wichtiger werden. Röttgen aber ignoriert die
Wissenschaftler nicht. Im Gegenteil: Er scheint ihr
Verbündeter zu sein. Am 1. Februar 2010 traf er die
Mitglieder des Umweltrates zum ersten Mal, in seinem
Ministerium. Zwei Stunden waren angesetzt – nach

fünf Stunden saß Röttgen noch immer mit den Professoren zusammen. »Der Minister war voll auf Anti-Atom-Kurs«, erinnert sich einer, der dabei war.

Das bestätigt sich, als Röttgen wenig später eine Rede an der Berliner Humboldt-Universität hält. Röttgen sagt, Kernkraftwerke und Windanlagen passten nicht zusammen. Der CDU-Mann aus Nordrhein-Westfalen, dem Stammland von RWE, hört sich an wie ein Atomkraftgegner.

Während Röttgens Parteifreunde die Klimafrage zum Argument für längere Laufzeiten machen wollen, argumentiert der Umweltminister in der ersten Jahreshälfte 2010 umgekehrt: Je kürzer die Laufzeit, desto höher der Anreiz zum Ausbau der regenerativen Energien. Von drei, vier, höchstens acht Jahre längeren Laufzeiten spricht Röttgen. Der Umweltminister wird zu einem Rätsel: Was will er? Was treibt ihn? Warum holt er erst den Atomfreund Hennenhöfer in sein Ministerium – und hört dann auf die Atomkritiker des Umweltrates?

Für die Stromkonzerne ist das ein hässlicher Störfall. Der Widerstand gegen die Laufzeitverlängerung findet sich auf einmal dort, wo sie ihn am wenigsten erwartet haben: in der Regierung.

Das ärgert die CDU-Abgeordneten Joachim Pfeiffer und Michael Fuchs. Als Röttgen im April 2010 in der *FAZ* keinen Hehl aus seinem Faible für grüne Energien macht, alarmiert Großmann seinen Freund Fuchs. Der läuft zur Kanzlerin und sagt: »Das geht so nicht!« Im Mai fordert Baden-Württembergs Ministerpräsident Mappus Röttgens Rücktritt. Und der Parteifreund Pfeiffer legt nach. Es sei offensichtlich, sagt er ausgerechnet der *taz*, »dass Norbert Röttgen sich in diesem Fall nicht an den Fakten orientiert, sondern andere Ziele verfolgt. Es gilt zu ermitteln, wie lange wir die Kernenergie als Brücke brauchen. Aber statt das zu tun, hat der Umweltminister Arbeitsverweigerung betrieben – oder sogar Obstruktion.«

Das Glück der Konzerne ist: Röttgen steht ziemlich alleine da. Alleine im Kabinett, alleine in seiner Partei, alleine in der Koalition.

GEHEIMVERTRÄGE

Man erkennt Röttgens Situation an einem zweiten Gutachten, das im Sommer 2010 vorgelegt wird. Diesmal nicht von unabhängigen Professoren, sondern von drei bezahlten Forschungsinstituten – im Auftrag der Bundesregierung, unter Führung des Wirtschaftsministeriums. Von zusätzlichen zwölf Jahren Laufzeitverlängerung ist da die Rede, sogar von zwanzig, von achtundzwanzig Jahren.

Der wichtigste Teil des Gutachtens wird vom Energiewirtschaftlichen Institut (EWI) in Köln erstellt. Das EWI wird mit acht Millionen Euro von E.on und RWE finanziert. Mit Hilfe der Kernkraft lasse sich der Ausstoß von Treibhausgasen in Deutschland bis zum Jahr 2050 um 85 Prozent reduzieren. So steht es in dem Gutachten. Eine halbe Million Euro hat die Regierung dafür bezahlt. Sie hat jetzt etwas in der Hand, was sie als neue Wahrheit über die Kernenergie ausgeben kann.

Am 30. August 2010 treten Umweltminister Röttgen und Wirtschaftsminister Brüderle gemeinsam vor die Presse, um das Gutachten vorzustellen. Der Auftritt der beiden Kontrahenten wird zu einer skurrilen Veranstaltung: Während Brüderle betont, er halte die objektive Begründung für eine Laufzeitverlängerung um zwanzig Jahre in Händen, lässt Röttgen ihn mit feinem Lächeln wissen, er deute das Gutachten so, dass es bei Laufzeiten der AKWs nur »marginale Unterschiede« gebe, denen »keine entscheidende Bedeutung« für die Energieversorgung zukomme. Am Ende halten die beiden Minister das dicke Zahlenwerk gemeinsam in die Kameras.

Nichts deutet darauf hin, dass dies Röttgens letzter gutgelaunter Auftritt für lange Zeit sein wird. Der Umweltminister, dessen genauer Standpunkt nie klar war, hat seine Gegner in der Regierung unterschätzt. Die zähe Aushandlung eines neuen Atomvertrags zwischen Regierung und Stromkonzernen gerät zu einem Meisterstück der Lobbyisten. Auf der Seite der Regierung verhandelt ein Team um den Kölner Anwalt Lars Böttcher, der auch ein ständiger Berater von RWE ist. Mit am Tisch sitzen Anwälte der Konzerne. Und Hennenhöfer, der alte Verbündete der Strommanager.

Am 6. September 2010, einem Montagmorgen, unterzeichnen die Konzernvertreter einen fünfseitigen Vertrag, der zunächst geheim bleiben soll – schließlich, so CDU-Fraktionschef Kauder, gehe es dabei um »Geschäftsgeheimnisse der Energieerzeuger«. De facto beschließt der Vertrag den Ausstieg aus dem Ausstieg. Die Laufzeitverlängerungen sind juristisch kaum mehr rückgängig zu machen – und die Randnotizen auch nicht: Nötige Sicherheitsnachrüstungen bezahlt ab einer gewissen Höhe der Staat. Eine Brennelementesteuer soll dem Bundeshaushalt Geld einbringen für den Ausbau regenerativer Energien – doch die Konzerne, so steht es im Vertrag, behalten sich vor, dagegen zu klagen.

Es ist Ende Oktober 2010, als die Parlamentarier den Sitzungssaal des Umweltausschusses betreten. Bald sollen sie im Bundestag über das neue Atomgesetz abstimmen, und es herrscht nervöse Unruhe. Gerade erst haben sie aus den Medien von dem Vertrag mit den Stromkonzernen erfahren. Sie sollen hier über ein Gesetz diskutieren, das im Grunde längst beschlossen ist.

»Die Regierung ist dem Diktat der Strombranche gefolgt«, sagt Bülow damals im Ausschuss, »sie hat Sicherheit für Geld verkauft.« Bülow ist der energiepolitische Sprecher der SPD. Er war fünfzehn, als der Reaktor von Tschernobyl explodierte. Bekannt wurde er durch ein Buch über die Ohnmacht der Parlamentarier gegenüber den Lobbyisten.

An jenem Tag im Oktober 2010 beantragt Bülow, zur Sitzung des Umweltausschusses die Öffentlichkeit zuzulassen. Sein Antrag wird abgelehnt. Ebenso wie all die Anträge der Grünen, die eine Anhörung zum Thema fordern. Die Parlamentarier kochen. Den Oppositionsfraktionen wird jetzt untersagt, weitere Geschäftsordnungsanträge zu stellen. Bülow, der Berichterstatter seiner Fraktion, hat eine Erklärung vorbereitet, in der er darauf hinweist, dass dieser Vertrag nicht rechtens sei, dass noch nicht einmal die Länder an den Geheimverhandlungen beteiligt worden seien, dass die Demokratie ausgehebelt worden sei. Doch er darf die Erklärung nicht vorlesen. Der Vertreter des Volkes muss schweigen.

Es ist ein seltsames Jahr. CDU und FDP haben den Hoteliers Milliarden geschenkt, ihre Umfragewerte sind im Keller. Guido Westerwelle hat von spätrömischer Dekadenz schwadroniert. Die Menschen demonstrieren gegen die Atomkraft. Aber statt sich beim Volk verständlich zu machen, peitscht die Koalition ihr Gesetz eilig durchs Parlament. Weil es ihr selber nicht geheuer ist?

Als das Energiekonzept der Bundesregierung am 28. Oktober 2010 im Bundestag zur Abstimmung steht, sind die politischen Kosten offenkundig: Die Atmosphäre im Parlament ist vergiftet. Der FDP-Abgeordnete Jörg van Essen greift die komplett in schwarzer Trauerkleidung erschienenen Grünen-Abgeordneten mit den Worten an: »Es hat keinem Parlament der Welt gutgetan, wenn eine Fraktion einheitlich gekleidet aufgetreten ist.« Gregor Gysi von der Linkspartei sagt: »Vier Konzerne gewinnen – und Millionen Menschen verlieren.« Der SPD-Vorsitzende Sigmar Gabriel ruft im Plenum der Regierung zu: »Sie spalten die Gesellschaft, wo sie schon einig war.« Grünen-Fraktionschef Trittin spricht von einem »Putsch«.

Den fulminantesten und zugleich unverschämtesten Auftritt legt Umweltminister Röttgen hin. Seine Amtsvorgänger Gabriel und Trittin nennt er plötzlich »Verantwortungsverweigerer« und »energiepolitische Blindgänger«. Während die Regierung mit bis zu vierzehn Jahre längeren Laufzeiten ein »revolutionäres Konzept« ausgearbeitet habe, verbreite die Opposition nur »argumentationsloses Kampfgeschrei« und schüre Ängste. Der Machtpolitiker peitscht ein Konzept durch, das nicht seines ist. Am Ende seiner Rede gratuliert die Kanzlerin. 308 Abgeordnete stimmen schließlich für die Laufzeitverlängerung, 289 dagegen.

ANITA BLASBERG, MATTHIAS GEIS, TINA HILDEBRANDT, ANNA KEMPER, ROLAND KIRBACH, HENNING SUSSEBACH, WOLFGANG UCHATIUS und STEFAN WILLEKE sind Autoren der Wochenzeitung DIE ZEIT.

EINE KATASTROPHALE GESCHICHTE

Von BIRGIT SCHUMACHER

Die Geschichte der Atomindustrie ist eine Geschichte von Katastrophen. Manche davon sind noch recht lebendig im Gedächtnis. An andere erinnert man sich höchstens dunkel – obwohl die betroffenen Länder und Regionen zum Teil heute noch radioaktiv verseucht sind. Wie in Tschernobyl, wo vor fast genau 25 Jahren der bislang schwerste nukleare Unfall der Geschichte passierte.

Nach dem jüngsten atomaren Unfall in Japan ging auch in Deutschland die Diskussion wieder von vorn los: Wie sicher sind unsere Atomkraftwerke? Natürlich sind sie sicher, versicherte Bundeskanzlerin Angela Merkel erst einmal eilig, man werde sie aber noch einmal »ohne Tabus« überprüfen. Auch die Betreiber der deutschen AKWs – die großen Energiekonzerne RWE, E.on, Vattenfall und EnBW – bestreiten natürlich, dass sich ein solch schwerer Unfall hier ereignen könnte.

Doch es muss ja gar kein Erdbeben der Auslöser sein: Die Geschichte zeigt, dass alles Undenkbare Realität werden kann. Dass immer etwas passieren kann, womit keiner gerechnet hat. Atomkraft ist keine Technik, die fehlertolerant ist – hier kann eine Schlamperei oder eine Störung schnell zu unbeherrschbaren Reaktionen führen mit immensen, schier unvorstellbaren Folgen für Menschen und Umwelt.

Missverständnisse, Schlampereien, Bedienungsfehler, technische Störungen, unbemerkte Korrosionen, extreme Witterungsverhältnisse und vor wenigen Wochen eben ein Erdbeben mit anschließender Riesenwelle – all diese Faktoren haben in Atomkraftwerken schon zu schweren Pannen und Unglücken geführt. Es gibt nichts, was es nicht gibt – abgesehen von einer offiziellen Liste der atomaren Unfälle weltweit. Die Internationale Atomenergie-Behörde (IAEA) in Wien hat zwar nach dem Tschernobyl-GAU eine internationale Bewertungsskala für nukleare Ereignisse entwickelt (INES von (engl.) International Nuclear Event Scale), nach der seitdem alle Vorfälle in Atomanlagen von 0 bis 7 eingestuft und ab Schweregrad 2 an die IAEA gemeldet werden müssen. Auch Unfälle, die sich vor Tschernobyl ereigneten, wurden nachträglich mit der INES-Skala bewertet. Trotzdem sieht sich die IAEA außerstande, eine Auflistung der vergangenen Unfälle zu publizieren: Die Organisation veröffentliche keine zurückliegenden Informationen zu Einstufungen oder gar Statistiken, heißt es auf Anfrage. Nicht wirklich verwunderlich: Die IAEA hat die Aufgabe, die friedliche Nutzung der Kernenergie zu fördern. Und Stör- oder gar große Unfälle tragen nicht gerade zur Akzeptanz der Atomkraft bei.

Die Katastrophe von Tschernobyl hatte in Deutschland ihren Schrecken fast schon verloren, als das Unglück im japanischen Fukushima fast 25 Jahre später die Gefahren der Atomkraft erneut drastisch vor Augen führte. Jetzt wird wieder heftig über Kernkraft diskutiert. Sogar von endgültigen AKW-Schließungen ist inzwischen die Rede, betroffen ist möglicherweise Neckarwestheim in Baden-Württemberg, Biblis A in Hessen und Isar 1 in Bayern. Doch eine grundsätzliche Umkehr in der Atompolitik bedeuten diese eiligen Maßnahmen nicht, allenfalls trägt man damit den Ängsten in der Bevölkerung Rechnung. Es mutet schon ein wenig merkwürdig an, dass Politiker nun nach Fukushima Gefahren sehen, die doch schon durch den Super-GAU in Tschernobyl und andere atomare Unfälle mehr als deutlich zu erkennen waren.

Auf extrem lange Laufzeiten, wie die schwarz-gelbe Koalition sie ursprünglich vorgesehen hatte, sind die Kernkraftwerke ohnehin gar nicht ausgelegt. Mit dem Alter der Reaktoren steigt das Risiko schwerer Störfälle überproportional an. Außerdem ist kein AKW gegen Flugzeugabstürze gesichert und deshalb eine ideale Zielscheibe für Terroristen. Und gegen technische Mängel, Pannen oder Bedienungsfehler ist ohnehin keine Atomanlage gefeit. So gibt auch das Bundesamt für Strahlenschutz offen zu: »Die Wahrscheinlichkeit für einen weiteren Super-GAU in einem der 443 weltweit betriebenen Kernkraftwerke ist klein. Aber sie ist nicht null. Und das Risiko ist nicht hypothetisch, sondern real. Dies gilt auch für deutsche Kernkraftwerke«, heißt es auf der Homepage des Amtes.

Die latente Angst vor einem neuen nuklearen Unfall und das berechtigte Gefühl, unnötig um den ausgehandelten Ausstiegskompromiss betrogen zu werden, der immerhin acht Jahre Bestand hatte: Das sind nur zwei Gründe, die im vergangenen Jahr zu einer Renaissance der Anti-Atomkraft-Bewegung geführt hat.

Hinzu kommt das ungelöste Problem der Endlagerung. Wohin mit dem Müll, der so stark radioaktiv belastet ist, dass deutsche Experten ihn nicht nur für eine oder mehrere Generationen, sondern für eine schier endlos lange Zeit sicher verbannen wollen? Seit 1977 ist dafür ein Salzstock bei Gorleben im Gespräch, einer kleinen Gemeinde im niedersächsischen Landkreis Lüchow-Dannenberg. Genauso lange gibt es dort im Wendland Kritik, Proteste und große Demonstrationen.

Und die Realität gibt den Gegnern mehr und mehr recht: Aussagen von Zeugen im Gorleben-Untersuchungsausschuss des Bundestages deuten massiv darauf hin, dass Gutachten zur Tauglichkeit des Salzstocks manipuliert wurden und es eindeutige Signale vonseiten der Kohl-Regierung gab, sich – statt mehrere Standorte zu erkunden – auf Gorleben zu beschränken. Die Bedenken von Wissenschaftlern sind anscheinend nicht nur ignoriert, sondern entschärft und relativiert worden.

Ob es nun wirklich zu einer, wie von Bundesumweltminister Norbert Röttgen mal wieder versprochenen, »ergebnisoffenen« weiteren Erkundung des Salzstocks in Gorleben kommt, scheint nach den Mauscheleien und Manipulationen durchaus zweifelhaft. Zumal kein anderer Standort im Gespräch ist: »Anscheinend haben die verantwortlichen Politiker mehr Angst vor dem möglichen Ärger bei einer neuen Standortsuche als davor, radioaktiven Müll an einem ungeeigneten Platz zu lagern«, meint die Europaabgeordnete der Grünen Rebecca Harms. Eine Million Jahre – so lange müsste der hoch radioaktive Atommüll sicher eingeschlossen sein, so die einmütige Meinung des deutschen Arbeitskreises Auswahlverfahren Endlagerstandorte (AK End). Eine unvorstellbare Zeitspanne.

CHRONOLOGIE DES SCHRECKENS

März 2011
Fukushima, Japan
Stufe 7
Kastastrophaler Unfall (schwerste Freisetzung von Radioaktivität außerhalb der Anlage, Auswirkungen auf Gesundheit und Umwelt in einem weiten Umfeld)

Am 11. März erschütterte ein schweres Erdbeben der Stärke 9,0 den Nordosten der japanischen Hauptinsel Honshu, anschließend überflutete eine Tsunami-Welle die Küste. In der im Erdbebengebiet gelegenen Atomanlage Fukushima I schalteten sich die Reaktorblöcke 1, 2 und 3 automatisch ab, die anderen drei waren nicht in Betrieb. Als Folge des Bebens brach das Stromnetz zusammen, für die dringend notwendige weitere Abkühlung der abgeschalteten Reaktoren wären jetzt die Notstromaggregate zuständig gewesen, Die Dieselgeneratoren aber waren durch den Tsunami beschädigt, batteriebetriebene Pumpen konnten die Kühlung nur für wenige Stunden gewährleisten. In der Not pumpten die Betreiber mit Bor versetztes Meerwasser in die Meiler.

Am 12. März explodierte der Reaktor 1, zwei Tage später erst Reaktor 3 und schließlich auch Reaktor 2. Angeblich blieben die Reaktorhüllen aber intakt. Im Reaktorblock 4 brannte es in einem Abklingbecken mit gebrauchten Brennelementen, das außerhalb der Stahlummantelung lag. Dabei wurde die Betonhülle des Reaktors beschädigt. Außerhalb der Anlage wurden hohe Strahlungswerte gemessen. Auch in den Blöcken 5 und 6 gab es Probleme mit der Kühlung. 200 000 Menschen wurden rund um die Anlage evakuiert. Beobachter gehen davon aus, dass es zumindest zu partiellen Kernschmelzen gekommen ist, offizielle Angaben fehlten bis Redaktionsschluss.

Die Betreiber der Fukushima-Anlagen, die Elektrizitätsgesellschaft Tepco, wird seit langem kritisiert. Die japanische Regierung hatte nach einer Untersuchung 2002 mitgeteilt, dass Tepco über Jahre geschlampt, Unfälle verschwiegen sowie systematisch und gezielt Reparaturberichte gefälscht habe.

25. Juli 2006
Forsmark, Schweden
Stufe 2
Ernster Störfall (erhebliche Kontaminationen innerhalb der Anlage, unzulässig hohe Strahlenexposition
beim Personal, begrenzter Ausfall der gestaffelten Sicherheitsvorkehrungen)

Wegen eines Kurzschlusses in der Umspannstation, in
die das nur etwa 120 Kilometer von Stockholm ent-
fernte Atomkraftwerk seinen Strom ins öffentliche
Netz einspeist, wurde einer der drei Reaktoren über
eine Schnellabschaltung auf ein Viertel seiner Nennleistung heruntergefahren. Um die Nachwärme des
abgeschalteten Reaktors abzuführen, hätte ein Not-
kühlsystem automatisch anlaufen müssen. Aber nur
zwei der vier Generatoren sprangen an. Die anderen beiden startete die Betriebsmannschaft erst über
20 Minuten später, weil sie durch einen gleichzeiti-
gen Teilausfall des Steuerungssystems den Überblick
über den tatsächlichen Zustand des Reaktors verloren
hatte.

Der ehemalige Konstruktionsleiter des Kraftwerks
behauptete, Forsmark 1 habe kurz vor der Kernschmelze gestanden: Wären alle vier Generatoren ausgefallen,
hätte niemand einen GAU verhindern können. Das wurde von offizieller Seite stets zurückgewiesen, der Meiler sei nie außer Kontrolle gewesen. Die schwedische
Strahlenschutzbehörde bewertet den Vorfall als INES
2, räumte aber einige Wochen später ein, dass die Nach-

untersuchungen das Bild deutlich verschlechtert hätten. Auch Betreiber Vattenfall gestand – allerdings erst nach massiver Kritik durch Mitarbeiter des AKW Forsmark – Sicherheitsmängel ein.

30. September 1999
Tokai Mura, Japan
Stufe 4
Unfall (geringe Freisetzung außerhalb der Anlage, begrenzte Schäden am Reaktorkern bzw. an den radiologischen Barrieren, Strahlenexposition beim Personal mit Todesfolge)

In der Uranwiederaufbereitungsanlage Tokai Mura, 130 Kilometer nordöstlich von Tokio, missachteten Arbeiter Vorschriften und füllten eine zu große Menge relativ hoch angereichertes Uran in einen Tank. Dadurch kam es zu einer unkontrollierten Kettenreaktion. Zwei Arbeiter wurden dabei so verstrahlt, dass sie wenige Monate später starben. Viele weitere Bedienstete erhielten deutlich erhöhte Strahlendosen. In geringem Maße wurde auch Radioaktivität in die Umgebung freigesetzt. Die Kettenreaktion dauerte über 20 Stunden. Der Informationsfluss an die Behörden und die Anwohner war mehr als schleppend: Das Management informierte die lokalen Behörden erst über eine Stunde nach Beginn der Kettenreaktion, die Anlage wurde erst nach zwei Stunden weiträumig abgesperrt, nach vier Stunden gab es die ersten Evakuierungen und nach fast acht Stunden wurden über 300 000 Einwohner im Umkreis von zehn Kilometern aufgefordert, in ihren Wohnungen zu bleiben und Fenster und Türen geschlossen zu halten. Der Unfall wird von offizieller Seite mit INES 4 eingestuft.

26. April 1986
Tschernobyl, Ukraine
Stufe 7
Katastrophaler Unfall (schwerste Freisetzung von Radioaktivität außerhalb der Anlage, Auswirkungen auf Gesundheit und Umwelt in einem weiten Umfeld)

In der Nacht vom 25. zum 26. April 1986 wird ein scheinbar harmloses Experiment im Atomkraftwerk Tschernobyl fehlerhaft ausgeführt, gerät außer Kontrolle und wird zur Katastrophe. Eine mächtige Explosion zerreißt den Reaktor 4 des Kraftwerks, hochradioaktiver Brennstoff wird aus dem Inneren in die Umgebung geschleudert und verstrahlt ganze Landstriche. Der Reaktorkern fängt Feuer. Die hohen Temperaturen des Brandes tragen dazu bei, dass die radioaktive Staubwolke bis in die Stratosphäre aufsteigt. Dreißig Kilometer rund um den Reaktor werden die Bewohner evakuiert. Etwa 150 000 Quadratkilometer in der Ukraine und den angrenzenden Ländern Weißrussland und Russland sind radioaktiv verseucht.

28. März 1979
Three Mile Island, USA
Stufe 5
Ernster Unfall (begrenzte Freisetzung von Radioaktivität außerhalb der Anlage, Einsatz einzelner Katastrophenschutzmaßnahmen, schwere Schäden am Reaktorkern bzw. an den radiologischen Barrieren)

Der Beinahe-GAU im AKW Three Mile Island bei Harrisburg war bisher der größte Atomunfall in der Geschichte der USA. Auf der INES-Skala wurde er bei 5 eingestuft. Mit dem Ausfall von zwei Kühlpumpen begann in Block 2 eine verhängnisvolle Verkettung von technischem Versagen, falschen Messsignalen und Bedienungsfehlern, durch die es zu einer partiellen Kernschmelze kam. Radioaktives Wasser und kontaminierter Dampf traten aus. Der anschließende Versuch, das hochexplosive Gasgemisch aus dem Reaktorkern in einen Tank abzuleiten, schlug fehl. Wegen des extrem hohen Explosionsrisikos wurde zwei Tage nach dem eigentlichen Unfall noch einmal eine hochgiftige Wolke in die Atmosphäre entlassen. Wie viel Radioaktivität tatsächlich entwich, bleibt unklar. Als am 1. April Schwangeren und Kindern empfohlen wurde, die Gegend im Umkreis von acht Kilometern um den Meiler zu verlassen, waren Tausende von Anwohnern längst geflohen.

Der alles zerstörende GAU konnte auf Three Mile Island mit viel Glück vermieden werden. Aber warum das Stahlgefäß der extremen Hitze der partiellen

Kernschmelze standhielt und die radioaktive Glut deshalb nicht aus dem Reaktor entweichen konnte, stellte Fachleute vor ein Rätsel.

Der unbeschädigte erste Block des Kernkraftwerks wurde nach einer Unterbrechung in den 80er-Jahren wieder in Betrieb genommen. Seine Betriebserlaubnis wurde bis 2034 verlängert.

31. Dezember 1978
Belojarsk, Sowjetunion
Stufe 3/4
Ernster Störfall/Unfall
(sehr geringe bis geringe Freisetzung von Radioaktivität außerhalb der Anlage, schwere Kontaminationen innerhalb der Anlage bzw. an den radiologischen Barrieren bis zu begrenzten Schäden am Reaktorkern, akute Gesundheitsschäden beim Personal bis zu Strahlenexposition mit Todesfolge, weitgehender Ausfall der gestaffelten Sicherheitsvorkehrungen)

Auch diese Atomanlage östlich des Urals, etwa 50 Kilometer von Jekaterinburg entfernt, ist schon häufig mit diversen Pannen, Stör- und Unfällen bekannt geworden. 1964 und 1979 brannten mehrmals Brennelemente im ersten Block des Kernkraftwerks durch, das Personal wurde einer erheblichen Strahlenbelastung ausgesetzt. Auch in Block 2 kam es 1977 zu einer hohen Strahlenbelastung der Mitarbeiter, als bei einem Unfall die Hälfte der Brennstoffkanäle schmolzen. In der Silvesternacht 1978/79 kam es ebenfalls in Block 2 zu einem Zwischenfall, der verhältnismäßig glimpflich ausging, aber auch viel schlimmere Folgen hätte haben können (eingestuft als INES 3–4). Wahrscheinlich aufgrund der extremen Temperaturen von bis zu -50 Grad Celsius stürzte das Dach der Turbinenhalle ein. Es kam zu einem Kurzschluss, der einen Großbrand auslöste und Messleitungen zum Reaktor teilweise zerstörte. Um einen GAU zu verhindern, musste der Reaktor heruntergefahren werden, das Personal konnte die Schaltzentrale aber wegen des dichten Rauchs nur kurzzeitig betreten. Erst nach einigen Stunden war der Reaktor wieder unter Kontrolle. Acht Menschen wurden schwer verstrahlt.

Auch im September 2000 schrammte Belojarsk an einer Katastrophe vorbei. Nach einem Stromausfall sprangen die Notstromaggregate in Block 3, einem Schnellen Brüter, nicht an. Diese sind wichtig, weil sie im Notfall für die unentbehrliche Kühlung des Reaktorkerns sorgen. Ob die Reparatur der Dieselgeneratoren gerade noch rechtzeitig gelang oder ob der Meiler per Hand abgeschaltet werden musste, ist nicht klar.

21. Januar 1969
Lucens, Schweiz
Stufe 4/5
Unfall/Ernster Unfall
(geringe bis begrenzte Freisetzung von Radioaktivität

außerhalb der Anlage, begrenzte bis schwere Schäden am Reaktorkern bzw. an den radiologischen Barrieren, Strahlenexposition beim Personal mit Todesfolge, Einsatz einzelner Katastrophenschutzmaßnahmen)

Der schwere Unfall in der Schweiz ist außerhalb des Landes weitgehend in Vergessenheit geraten, nachträglich wurde er auf der INES-Skala zwischen 4 und 5 eingestuft. Glücklicherweise war der Versuchsreaktor Lucens recht klein und in eine Felskaverne eingebaut, überirdisch lagen nur das Dienstgebäude und die Notstromaggregate. Nach einer ersten Inbetriebnahme im Frühjahr 1968 wurde der Reaktor wieder stillgelegt und erst im Januar 1969 wieder hochgefahren. Durch eingesickertes Wasser waren aber in der Zwischenzeit unbemerkt die Umhüllungsrohre der Brennstäbe korrodiert, dies verhinderte bei der Wiederinbetriebnahme die Kühlung der Brennelemente. Es kam zu einer partiellen Kernschmelze. Da die erhöhte Radioaktivität früh gemessen wurde, konnte das Personal noch rechtzeitig evakuiert und die Kaverne verschlossen werden. Die Felskaverne wurde massiv verstrahlt, die radioaktiv verseuchten Trümmer konnten erst nach Jahren weggeräumt werden. Die Aufräumarbeiten dauerten bis Mai 1973. Die Trümmer wurden in versiegelten Behältern vorerst weiter auf dem Gelände gelagert, bis sie 2003 in das Zwischenlager Würenlingen gebracht wurden.

7. bis 12. Oktober 1957
Windscale, Großbritannien
Stufe 5
Ernster Unfall (begrenzte Freisetzung von Radioaktivität außerhalb der Anlage, Einsatz einzelner Katastrophenschutzmaßnahmen, schwere Schäden am Reaktorkern bzw. an den radiologischen Barrieren)

Der Atomkomplex in Nordwestengland an der Irischen See wurde durch mehrere nukleare Störfälle bekannt. Der schwerste war der Brand im Jahr 1957, der als INES 5 eingestuft wurde. Schon 1950 bzw. 1951 wurden die ersten beiden Windscale-Reaktoren für die Produktion von waffenfähigem Plutonium in Betrieb genommen. Nach dem kontrollierten Herunterfahren des Reaktors Pile No. 1 am 7. Oktober 1957 und dem darauf folgenden erneuten Anfahren kam es zu einem verhängnisvollen Missverständnis: Die Temperaturen im Reaktor wurden wegen fehlerhaft platzierter Messfühler falsch interpretiert und der Reaktor immer weiter hochgefahren. So fing der Kern Feuer, allerdings blieb der Brand zunächst unbemerkt. Erst am 10. Oktober zeigten Messgeräte an, dass der Reaktor Radioaktivität freisetzte. Nach mehreren missglückten Versuchen, den Kern abzukühlen und den Brand zu löschen, wurde der Reaktor schließlich am 11. Oktober mit Wasser geflutet. Große Mengen radioaktiver Gase entwichen mit der dabei entstehenden Dampfwolke in die Atmosphäre. Die Wolke zog über Großbritannien bis über das europäische Festland.

Nach dem Brand wurden die beiden Reaktoren außer Betrieb genommen, der Komplex von Windscale in Sellafield umbenannt. Doch die Skandalmeldungen aus der Anlage, wo 1956 noch ein Atomkraftwerk mit vier Reaktorblöcken seinen Betrieb aufnahm, gingen weiter. Immer wieder wurden Lecks entdeckt, radioaktive Lösungsmittel und Chemikalien einfach in die Irische See geleitet, auch Uran gelangte irrtümlich ins Meer. Mehrfach wurden Sicherheitspapiere gefälscht und Kontrollen nicht durchgeführt. Ab 2001 wurden die vier Reaktorblöcke nach und nach abgeschaltet. Heute ist in Sellafield nur noch die atomare Wiederaufbereitungsanlage in Betrieb.

29. September 1957
Kyschtym, Sowjetunion
Stufe 6
Schwerer Unfall (erhebliche Freisetzung von Radioaktivität außerhalb der Anlage, voller Einsatz der Katastrophenschutzmaßnahmen)

Bis heute ist der Atomkomplex Majak, der an der Grenze von Russland zu Kasachstan in den Bergen des Ural liegt, eine der größten Anlagen der Welt, unter anderem auch zur Wiederaufbereitung von abgebrannten Brennstäben und der Gewinnung von Plutonium. Im Zeitraum von 1950 bis heute kam es auf dem Gelände der Anlage zu acht größeren dokumentierten Stör- und Unfällen. Der folgenschwerste Unfall ereignete sich Ende September 1957, er wurde nachträglich als INES 6 eingestuft und wurde bislang nur durch den Super-GAU in Tschernobyl übertroffen. An einem Lagertank für hochaktive Spaltproduktlösungen kam es zu einer Störung des Kühlsystems. Durch einen Bedienungsfehler wurde das Kühlsystem daraufhin komplett ausgeschaltet. Der Tankinhalt wurde durch eine Explosion großflächig freigesetzt, insgesamt wurden 23 000 Quadratkilometer radioaktiv kontaminiert. In diesem Gebiet lebten zum Zeitpunkt des Unfalls 272 000 Menschen. Da sich die Kontamination auf den Ural beschränkte und keine messbaren Effekte in Westeuropa nachweisbar waren, konnte der Unfall viele Jahre geheim gehalten werden.

Die Region gilt bis heute als eines der verstrahltesten Gebiete der Welt. Nach Angaben der deutschen Gesellschaft für Anlagen- und Reaktorsicherheit wurden in den Jahren 1948 bis 2004 insgesamt 180 000 Terabecquerel (TBq) freigesetzt, davon 74 000 TBq bei dem Unfall im September 1957. Die größten Freisetzungen erfolgten demnach bei der Überflutung der umliegenden Felder durch den bewusst mit flüssigem radioaktivem Abfall kontaminierten Fluss Tetscha in den Jahren 1949 bis 1951.

Trotz der inzwischen bekannten Bedingungen war von der Bundesregierung Ende 2010 geplant, 951 abgebrannte Brennelemente aus dem früheren sächsischen Forschungsreaktor Rossendorf, die derzeit in Ahaus zwischengelagert sind, in den Atomkomplex Majak zu transportieren. Dann aber erteilte Bundesumweltminister Norbert Röttgen dem Transport eine Absage.

12. Dezember 1952
Chalk River, Kanada
Stufe 5
Ernster Unfall (begrenzte Freisetzung von Radioaktivität außerhalb der Anlage, Einsatz einzelner Katastrophenschutzmaßnahmen, schwere Schäden am Reaktorkern bzw. an den radiologischen Barrieren)

Die partielle Kernschmelze in dem in der Nähe von Ottawa gelegenen Forschungsreaktor gilt als der erste ernste Reaktorunfall weltweit. Während eines Tests liefen mehrere Dinge falsch, vor allem bei der Besatzung: Es gab Missverständnisse, Fehleinschätzungen und Fehlbedienungen, außerdem noch falsche Statusanzeigen im Kontrollraum. Der Reaktorkern wurde beschädigt, durch eine Explosion entwich Radioaktivität in die Atmosphäre. In der Internationalen Bewertungsskala für nukleare Ereignisse (INES) wurde der Vorfall als INES 5 eingestuft.

BIRGIT SCHUMACHER, geboren 1962 in Trier, seit 1990 Redakteurin beim Magazin ÖKO-TEST. Lebt seit 1992 in Dresden.

WEICHE ZIELE

Terror und Sabotage gegen Kernkraftwerke
von EGMONT R. KOCH

Der Pilot blickt aus dem Fenster seiner kleinen Propellermaschine. Von hier oben bietet der breite Hudson-River einen perfekten Leitweg direkt bis ins Ziel, das er schon schemenhaft am Horizont erkennen kann, im Dunst von Manhattan. Unter ihm taucht ein großes Kraftwerk am Ufer auf, er hatte es vorher schon auf einer der Karten entdeckt: die zwei Kuppeln des Atommeilers *Indian Point*, Druckwasserreaktoren, Nennleistung jeweils etwa eintausend Megawatt. Es wäre nicht sehr schwierig, so geht ihm durch den Kopf, die entführte Maschine frühzeitiger als geplant in einen Sinkflug zu bringen und in eine der Betonhüllen stürzen zu lassen. Der Gedanke fasziniert ihn. Er würde mit den anderen darüber reden, bei ihrem nächsten Treffen.

Einige Wochen später reist der Al-Qaida-Terrorist Mohammed Atta nach Madrid. Es ist Mitte Juli 2001. Er mietet ein Auto und fährt nach Cambrils, wo er mit den anderen Piloten verabredet ist. Und mit Ramzi Binalshibh, dem Verbindungsmann zu Osama Bin Laden in Afghanistan. Sie diskutieren auch über *Indian Point*, doch die anderen sind von seinem Vorschlag nicht begeistert. Sie fürchten, das Kernkraftwerk könnte mit Raketen gesichert sein und jedes Flugzeug, das in eine imaginäre Schutzzone eindringt, sofort abgeschossen werden. Enttäuscht gibt Atta seine Idee auf. Er besteht nicht einmal darauf, dass Binalshibh den Vorschlag Bin Laden vorträgt, denn der, so weiß er, legt Wert auf symbolische Ziele – und das wäre *Indian Point* nicht. Außerdem mussten sie ihm bereits den Wunsch ausreden, das Weiße Haus anzugreifen, weil sie auch da einen Abschuss vor der Erfüllung ihrer Mission befürchteten. Es bleibt deshalb in Spanien bei den von Bin Laden abgesegneten Zielen: World Trade Center, Capitol und Pentagon.

Am 11. September 2001 fliegt Mohammed Atta erneut über *Indian Point* hinweg, in einer Boeing 767 der American Airlines. An Bord sind 81 Passagiere, neun Flugbegleiter, First Officer und Kapitän. Fünf Al-Qaida-Terroristen haben Flug AA 11 kurz nach dem Start in Boston gekapert, sind ins Cockpit eingedrungen, Atta hat sich des Steuerknüppels bemächtigt und über dem Hudson bei Albany/New York eine scharfe Linkskurve eingeleitet. Gegen 8:40 Uhr passiert er das Kernkraftwerk, leitet den Sinkflug ein. Um 8:46 Uhr kracht die Boeing in den Nordturm des World Trade Centers.

Eine Fehleinschätzung der Terroristen verhinderte womöglich damals den ersten Selbstmordanschlag auf ein Kernkraftwerk, denn tatsächlich gab es keine Boden-Luft-Raketen zu dessen Schutz. Vielmehr wären die beiden fast dreißig Jahre alten Veteranen ein weiches« Ziel gewesen. In einem Umkreis von 75 Kilometern leben zwanzig Millionen Menschen, die Zerstörung einer der beiden betagten Betonhüllen und eine Beschädigung der Reaktoren durch ein vollgetanktes Passagierflugzeug hätte fast todsicher den Ausfall des Kühlsystems, eine Kernschmelze und massive radioaktive Freisetzungen zur Folge gehabt. Die langfristigen medizinischen, ökonomischen und psychologischen Folgen eines Super-GAU nur etwa vierzig Kilometer von Downtown New York entfernt, da waren sich Sicherheitsfachleute hinterher einig, hätte sogar die Anschläge auf das World Trade Center und das Pentagon noch in den Schatten stellen können.

Ebenso hätten Attas Glaubensbrüder, statt Flug AA 77 in das Pentagon zu lenken, »das North-Anna-Kernkraftwerk nahe Richmond/Virginia anvisieren und dadurch eine radioaktive Verseuchung im Ballungsgebiet der Bundeshauptstadt Washington auslösen können«, schreibt der frühere Staatssekretär im US-Verteidigungsministerium Graham Allison in seinem Buch »Nuclear Terrorism«, »denn keiner der 103 in Betrieb befindlichen US-Reaktoren war für den Aufprall einer Boeing 767 ausgelegt«.

Der ursprüngliche Plan von Khalid Sheikh Mohammed, gewissermaßen Attas Vorgesetzter in der Al-Qaida-Hierarchie und *mastermind* der Anschläge vom 11. September 2001, war sogar noch viel weiter gegangen: Zehn Flugzeuge, so bekannte er nach seiner Verhaftung im März 2003 in Pakistan, sollten zeitgleich an der amerikanischen Ost- und Westküste gekidnappt werden. Neben den später tatsächlich angegriffenen Objekten in New York und Washington war von ihm eine Liste weiterer Ziele erstellt worden, darunter die Headquarter von CIA und FBI, die höchsten Bürogebäude in Kalifornien – und mehrere Atomkraftwerke. Mit der letzten der entführten Maschinen habe er selbst dann auf einem amerikanischen Flughafen landen und sich als islamischer Super-Terrorist den Medien präsentieren wollen.

Selbst wenn Khalid Sheikh Mohammed unter brutaler Folter *(water boarding)* Behauptungen aufstellte, die nicht den Tatsachen entsprachen und eher die amerikanischen Agenten beeindrucken sollten, gibt es unter den Experten der Geheimdienste keine Zweifel, dass Atomkraftwerke für Al-Qaida ein lohnenswertes Ziel waren – und bleiben. Das ließen die Recherchen der 9/11-Kommission erkennen, auch wenn sie Attas zeitweiligem Plan nur ein paar Absätze in ihrem Report widmete.

Die Betonmäntel der meisten Kernreaktoren hielten weder dem Kamikaze-Absturz eines vollbetankten Boeing-Jumbos, noch eines kleinen Airbus-Jets stand. Beim Bau vieler Atommeiler in den siebziger und achtziger Jahren, also lange vor der Al-Qaida-Bedrohung, war davon ausgegangen worden, das größte aller eigentlich »undenkbaren« äußeren Risiken sei der zufällige Crash eines havarierten Militärjets mit einem Reaktor. Heute wissen wir, dass viele der alten

Schutzhüllen aus jener Zeit vermutlich nicht einmal einer modernen Panzerfaust standhalten würden. Natürlich wäre allein eine Zerstörung des Betonmantels um den eigentlichen Reaktor noch nicht gleichbedeutend mit einem GAU, doch sobald neuralgische Punkte des Kühlsystems oder der Stromversorgung bei einem solchen Angriff getroffen würden, könnte die Lage schnell eskalieren.

In der nach 9/11 aufkommenden Sicherheitsdiskussion um gezielte Flugzeugabstürze auf Atomkraftwerke meldeten sich sofort einige Experten der deutschen Stromgiganten zu Wort, die vornehmlich finanzielle Belastungen auf sich zukommen sahen. Es sei schon für erfahrene Flugzeugführer schwierig, wenn nicht unmöglich, eine große Maschine zielgenau in einen Reaktor krachen zu lassen, argumentierten sie, das gelte natürlich noch mehr für Amateurflieger wie Mohammed Atta und die anderen Terror-Piloten. Folgerichtig könne ein solches Szenario außer Acht gelassen werden

Auf Veranlassung des Bundesumweltministers begann die Gesellschaft für Reaktorsicherheit (GRS) jedoch mit einer umfangreichen Untersuchung über die Gefährdung der deutschen Reaktoren. Die Experten gaben sich alle Mühe, Crash-Attacken möglichst wirklichkeitsgetreu nachzuempfinden. Ein Flugsimulator der Technischen Universität Berlin wurde angemietet, »sechs Probanden mit flugtechnischen Kenntnissen« übernahmen die Rolle potentieller Terroristen. Sie hatten, wie Mohammed Atta und die anderen drei

Selbstmord-Piloten des 11. September, ihre Fertigkeiten auf Flugschulen für ein- oder zweimotorige Propellermaschinen erworben, besaßen also keine Lizenz für große Passagiermaschinen. Da saßen die Versuchspersonen nun schwitzend im nachgebauten Cockpit und versuchten, ihre Flugzeuge möglichst punktgenau in die Zielobjekte zu jagen, die per detailgetreuer Videoanimation auf eine Leinwand in ihrer Pilotenkanzel projiziert wurden. Jeder zweite Sturzflug in die etwa sechzig Meter hohen und breiten Komplexe war ein Treffer. Sämtliche Daten wurden aufgezeichnet. Es ging darum, das Gefährdungspotential unter »realistischen Anflugbedingungen« mit unterschiedlichen Aufprallgeschwindigkeiten und Neigungswinkeln zu ermitteln, heißt es in der seinerzeit mit »VS-vertraulich« klassifizierten Studie der GRS.

Den meisten deutschen Kernkraftwerken, so stand dort, wenn auch etwas verklausuliert, drohe beim Einschlag einer fliegenden Kerosin-Bombe ein nukleares Inferno. Das Containment halte entweder dem Aufprall nicht stand, oder das Rohrleitungssystem für das Kühlwasser könnte durch Erschütterungen und brennendes Flugzeugbenzin bersten. Das Gefährdungspotential sei von Meiler zu Meiler durchaus unterschiedlich zu bewerten, schrieben die GRS-Leute. Einige Typen von Siedewasserreaktoren sind offenbar überhaupt nicht gegen abstürzende Flugzeuge ausgelegt und infolgedessen bei allen Szenarien nahezu schutzlos. Bei anderen Siede- und Druckwasserreaktoren scheint den Gutachtern beim zielgenauen Aufprall einer Boeing 747 oder eines Airbus 340 »die Beherrschung fraglich«. Einige Druckwasserreaktoren bieten offenbar den relativ besten Schutz gegen massive Schädigungen von außen. Ernüchternde Bilanz: Nur in sieben von (damals) achtzehn deutschen Kernkraftwerken meist jüngerer Bauart könnte nach einem Terrorangriff ziemlich sicher eine Katastrophe verhindert werden.

Damit wurden die professionellen Abwiegler in den Konzernzentralen ebenso wie die notorischen Verharmloser auf den politischen Leitständen Lügen gestraft. Ihnen war klar, dass eine Verstärkung der Betonhülle bei schlimmstenfalls elf deutschen Atommeilern deren Stilllegung zur Folge haben könnte, da eine solche Baumaßnahme zu aufwendig, zu teuer, wenn nicht sogar technisch unmöglich wäre. Folgerichtig verschwand die GRS-Untersuchung erst einmal in den Panzerschränken Berliner Geheimniskrämer, wobei angesichts der heutigen Diskussion anzumerken ist, dass damals eine rot-grüne Koalition regierte.

Die Forderung der Nachrüstung anfälliger Reaktoren sollte für fast ein Jahrzehnt unerfüllt bleiben. Sie tauchte später kurzfristig in einem Gesetzentwurf von Schwarz-Gelb auf, als es um den neuen Deal mit den Strommanagern, also um die Laufzeitverlängerung ihrer AKWs ging, wurde dann aber wieder gestrichen. Die Argumente der Energiekonzerne, deren Meiler sich längst als wahre Gelddruckmaschinen erwiesen hatten, waren fadenscheinig: Es seien inzwischen Alternativkonzepte entwickelt worden, mit denen ebenso sicher ein Terrorangriff auf ein Kernkraftwerk aus der Luft verhindert werden könne, ohne das Containment zu verstärken: Nebel. Sobald ein Flugzeug in einer imaginären Verbotszone vom Radar erfasst werde, so die Idee, sollen die Reaktoren schlagartig mit »rotem Phosphor« eingenebelt werden. Damit ließe sich ziemlich sicher ein Volltreffer verhindern.

Das Prinzip entspricht einem chinesischen Feuerwerk, bei dem Hunderte von Raketen auf einen Schlag in alle Richtungen in die Luft katapultiert und gezündet werden. Nach wenigen Sekunden bereits, so die Hoffnung, liege der Meiler dicht verschleiert in einem weißen Nebelfeld. Pro Salve, teilten die Hersteller mit, halte sich der wabernde Sichtschutz zwei bis drei Minuten in der Luft. Das Bundesumweltministerium forderte deshalb seinerzeit, die Nebelwerfer müssten mehrmals hintereinander feuern können, sonst flögen die Terroristen Warteschleifen, bis sich der künstliche Dunst verzogen habe.

Die Vernebelungstaktik wurde von einem Tochterunternehmen des Rüstungsbetriebs Rheinmetall ersonnen, zunächst vor allem für die Marine. Bewegliche Objekte wie Kriegsschiffe können sich hinter der Nebelwand in Sicherheit bringen, weil sie nicht nur Sichtschutz bietet, sondern auch infrarot-, laser- und radargelenkte feindliche Raketen in die Irre leitet. Aber lassen sich damit auch zu allem entschlossene Terroristen hinters Licht führen? Und wenn ein starker Wind weht? Oder wenn Platzregen niederprasselt? Drohen dann Rohrkrepierer?

Die meisten Flugverbotszonen um Kernkraftwerke haben einen Radius von 1,5 Kilometern. Für diese Strecke benötigt ein mit Vollgas fliegender Passagier-Jet etwa acht Sekunden. Den Sicherheitsabstand auf zehn Kilometer zu vergrößern wäre bei stadtnah errichteten Reaktoren und einem dichten Netz von zivilen und militärischen Flughäfen ziemlich unrealistisch. Aber nur dann bliebe vielleicht die Zeitspanne von einer Minute, um das Feuerwerk abzubrennen und die Nebelwand aufzubauen. Solange die Radarsensoren erst ab einem Abstand von zwei, drei Kilometern das in die Verbotszone eindringende Flugzeug erfassen und dann automatisch die Nebelmaschine in Gang setzen, dürfte der Effekt höchst fraglich bleiben. In diesem Abstand hätte der Pilot sein Ziel im Sturzflug vermutlich schon so genau anvisiert, dass er es auch blind treffen könnte.

Für das Pilotprojekt wurde das Atomkraftwerk Grohnde in Niedersachsen ausgewählt. Es liegt etwa fünfzig Kilometer südlich vom Flughafen Hannover-Langenhagen mit täglich mehr als dreihundert Starts und Landungen. Bei regem Flugverkehr, etwa zu Zeiten großer Messen in Hannover, so monierte Greenpeace, »nähern sich Maschinen dem Kraftwerk bis auf anderthalb Kilometer«. Ein Alarm sei aber noch »nicht ausgelöst« worden. Das legt den Verdacht nahe, dass das System überhaupt erst scharf gestellt wird, wenn es eine Notsituation gibt, zum Beispiel durch eine bestätigte Flugzeugentführung über Deutschland. Ein Szenario, dass zu allem entschlossene Terroristen unmittelbar nach dem Start in Langenhagen das Cockpit einer Passagiermaschine entern und den Flieger Minuten später in die Reaktorkuppel stürzen lassen, schien die Nebel-Fraktion nicht auf dem Plan zu haben.

Zusätzlich zu den Nebelwerfern wurden in Grohnde angeblich auch Störsender installiert, mit denen sich satellitengestützte Navigationssysteme ausschalten lassen, damit die Selbstmord-Piloten die Maschinen nicht mit dem Autopiloten ins Ziel lenken können. Allerdings sind auch hier die Fakten eher nebulös, weil das Gesamtkonzept aus Gründen der nationalen Sicherheit geheim ist. Dauerhafte Störsender, sogenannte Jammer, wären ein grob fahrlässiger Eingriff in den Luftverkehr. Auch hier gilt offenbar, dass dieses System erst im Notfall aktiviert würde.

Mag sein, dass in den Schubladen der Energieversorger noch andere geheime Abwehrpläne liegen, die auf lokale Besonderheiten einzelner Kraftwerke zugeschnitten sind. An der grundsätzlichen Aussage, dass der überwiegende Teil der deutschen Reaktorhüllen einem gezielten Terroranschlag aus der Luft nicht standhalten würden, hat sich seit der GRS-Studie im Jahre 2002 nichts geändert. Die Forderung nach Fukushima, alle deutschen Atommeiler erneut auf eben diese Gefährdung zu untersuchen, dient entweder dem reinen Zeitgewinn oder stellt einen verkappten Ausstieg dar, wenn am Ende des Moratoriums so hohe Sicherheitsanforderungen stehen, dass sich die Nachrüstung der alten Reaktoren wirtschaftlich nicht mehr lohnt.

Es geht bei der neuen Überprüfung aber nicht nur um die äußere Bedrohung durch provozierte Flugzeugabstürze, sondern auch um die wachsende Gefahr unsichtbarer Angriffe – über das Internet. Niemand hat bislang offenbar ernsthaft geprüft, ob die digitale Technik der Kraftwerksleitwarten durch ausgeklügelte Computerviren (wie zum Beispiel *Stuxnet*) infiziert und lahmgelegt werden können. Wenn es einem Team israelischer und amerikanischer Geheimdienst-Hacker möglich ist, über das Netz die Geschwindigkeiten von Urananreicherungs-Zentrifugen in iranischen Atomfabriken so zu manipulieren, dass die rasend schnell drehenden stählernen Rotoren erst zu schlingern anfangen und schließlich wie Schrapnelle auseinanderfliegen, dann ist es sicherlich auch möglich, die Sicherheitssysteme eines Kernreaktors über das Netz zu attackieren.

Dies lenkt die Aufmerksamkeit auf ein bislang weitgehend ignoriertes Bedrohungsszenario: Atom-Sabotage – nicht nur durch Terroristen, sondern durch fremde Staaten. Spätestens seit im Jahr 2007 Bundeskanzleramt und mehrere Bundesministerien erstmals massiv von chinesischen Hackern angegriffen wurden, wächst die Sorge, China könnte nicht nur Spionage-, sondern auch Sabotageattacken auf fremde Rechner planen. Sami Saydjari, der früher für den US-Geheimdienst NSA tätig war und weiterhin streng geheime Regierungsaufträge bearbeitet, hat »drei extrem kritische Bereiche identifiziert: Energie, Banken und Telekommunikation«. Dabei würden Angriffe auf die

Stromversorgung »wahrscheinlich den größten Erfolg für den Angreifer« versprechen. Bei einer Cyber-Attacke könnte ein Blackout drohen – oder sogar eine nukleare Katastrophe.

Auch Hans Elmar Remberg, ehemals Chef der Spionageabwehr beim Bundesamt für Verfassungsschutz, hält es »technisch für möglich«, dass die Methoden der Computerspionage »auch für Sabotagezwecke genutzt werden«. In Peking residiert das *State Key Laboratory of Information Security (SKLOIS)*, das sich offiziell mit der Abwehr von Netzangriffen befasst und eng mit der Armee und dem chinesischen Ministerium für Staatssicherheit zusammenarbeitet. Tatsächlich ist SKLOIS aber auch eine Kaderschmiede für junge Technikstudenten, die das Talent haben, als Hacker Karriere zu machen und neue offensive Strategien zu entwickeln. Dass im Rahmen der Operationen auch Netzangriffe auf ausländische Kernkraftwerke durchgespielt werden, kann man nur vermuten.

Die Dreistigkeit, mit der staatlich geförderte chinesische Hacker weiterhin in deutschen Netzen wildern und wüten, obwohl die Bundesregierung seit 2007 mehrfach diplomatisch in Peking interveniert hat, lässt allerdings Schlimmstes befürchten.

EGMONT R. KOCH, geboren 1950, wurde 1978 mit dem Bestseller *Seveso ist überall* (mit Fritz Vahrenholt) bekannt. Vielfach ausgezeichnet sind seine investigativen TV-Dokumentationen, die er für ARD und

ZDF produziert. Auch mit seinen Büchern sorgt er für Furore – sie sind weltweit in zwölf Sprachen übersetzt. Zuletzt erschien *Tödliche Pläne. Wie die Atombombe in die falschen Hände gelangte* (Atb).

UMDENKEN FÜR DIE ENERGIEWENDE!

Sechs Thesen für den Umbau unserer
Stromversorgung
von CHRISTIAN FRIEGE und
RALPH KAMPWIRTH

Die Katastrophe von Fukushima ist unfassbar, ihr
Ausmaß wird sich wohl erst in einigen Jahren wirklich einschätzen lassen. In den Risikoanalysen war die
Kombination von Tsunami und Erdbeben, der Ausfall aller redundanten Kühlsysteme nicht betrachtet
worden.

Für solche nicht bedachten Risiken lassen sich keine Sicherungssysteme implementieren. Das ist letztlich das entscheidende Argument gegen die friedliche
Nutzung der Kernenergie: Sie ist durch den Menschen
eben nicht abschließend beherrschbar.

Nun halten – um den unfassbar hohen Preis dieser Katastrophe – auch viele Atomkraftbefürworter
inne. Die Rufe nach einem schnellen Umbau unserer
Stromerzeugung werden lauter. So laut, dass der notwendige gesellschaftliche Konsens tatsächlich erreichbar scheint. Auf einige der sich aus diesem Wandel er-

gebenden Kernfragen gehen die nachfolgenden sechs Thesen ein.[1]

Vorab jedoch: Wie schnell kann nun der ökologische Umbau der Energieversorgung gelingen? Wenn man das dynamische Wachstum der erneuerbaren Energien aus den letzten Jahren in die Zukunft projiziert, kommt man zu einem erstaunlichen Ergebnis: Schon 2030 könnte Deutschland sich selbst komplett mit Strom aus Wind, Sonne, Wasser und Biomasse versorgen. Atomare und fossile Kraftwerke wären dann nicht mehr erforderlich.[2]

Allerdings geht keine der heute vorliegenden Studien davon aus, dass dieses Wachstumspotential tatsächlich realisiert wird. Denn der bestehende Kraftwerkspark wird – auch ohne Laufzeitverlängerung und ohne den Neubau von Kohlekraftwerken – spätestens in zehn Jahren einen bremsenden Effekt auf den Ausbau der Öko-Energien haben. Er bewirkt ein Abflachen der Ausbaukurve. Abgeschriebene Atom- und Kohlekraftwerke sind für die Betreiber nach wie vor attraktiver als Investitionen in neue Kraftwerke.

Wenn aber schon der bestehende konventionelle Kraftwerkspark den Öko-Boom in absehbarer Zeit bremsen wird, brauchen wir sicherlich keine Laufzeitverlängerung, sondern können im Gegenteil die schnelle Stilllegung der ältesten Atomkraftwerke bestens verkraften. Die Brücke in das Zeitalter der erneuerbaren Energie ist längst errichtet.

THESE 1: Der klassische Grundlast-Begriff ist keine zukunftsfähige Kategorie der Stromversorgung.

Eine funktionierende und bezahlbare Energieversorgung ist die Basis unseres Wohlstandes. Diese Basis ist in den letzten 150 Jahren stetig optimiert worden. Stromerzeugung und Stromtransport sind systematisch so organisiert, dass mehr oder weniger ständig laufende Atom- und Braunkohlekraftwerke die »Grundlast« der Stromversorgung liefern. Dieser Kraftwerkspark wird ergänzt durch Mittel- und Spitzenlastkraftwerke, die – je nach der über den Tag stark schwankenden Nachfrage – zusätzlichen Strom liefern. Es wird also in diesem System stets genau so viel Strom erzeugt, wie die sehr gut zu prognostizierende Nachfrage es erfordert. Ohne Zweifel hat das Grundlast-Modell Wirtschaft und Verbrauchern über Jahrzehnte gute Dienste geleistet und Deutschland verlässlich mit Strom versorgt.

Wind und Sonne lassen dieses System jedoch zusehends hinfällig werden. Insbesondere die Windkraft wird – aufgrund der hohen Potentiale an Land, aber vor allem in Nord- und Ostsee – der wichtigste Energieträger der Zukunft. Wind- und Sonnenstrom stehen aber nicht nach Bedarf, sondern »nur« nach Wetterlage zur Verfügung. Es braucht folglich ein neues, intelligentes Stromsystem, um auf der Basis dieser schwankenden Quellen eine sichere Stromversorgung aufzubauen.

Schon heute beobachten wir die Zuspitzung eines

Konfliktes zwischen alten und neuen Energien: Weil Grundlaststrom aus Atom und Kohle die Netze »verstopft«, müssen immer häufiger Windparks vom Netz. Der Grundlaststrom behindert den Ausbau der Windkraft und moderner Speicher- und Steuertechnologie.

THESE 2: Grundlaststrom ist kein Billigstrom.

Es spricht einiges dafür, dass Kohle- und Atomkraftwerke, vor allem alte und abgeschriebene, heute zu einer bezahlbaren Energieversorgung beitragen. Allerdings hat auch niemand ernsthaft gefordert, von heute auf morgen alle Atom- und Kohlekraftwerke abzuschalten. Die Frage aber ist: Brauchen wir in Zukunft Atomkraftwerke, damit Energie bezahlbar bleibt? Die Antwort fällt eindeutig aus: Nein.

Erstens: Es ist nach der Katastrophe in Japan wieder umfänglich dargestellt worden, dass kein Versicherungsunternehmen der Welt Atomkraftwerke und ihre Haftpflichtrisiken bei einer Havarie versichert. Solche Risiken werden also der Allgemeinheit aufgebürdet – und die Kosten dafür nirgendwo erfasst.[3]

Zweitens produzieren Atom- und auch Kohlekraftwerke auch ohne Berücksichtigung von Risiken (einschließlich Entsorgung) nur bei oberflächlicher Betrachtung billigen Strom. Wissenschaftlichen Studien zufolge wurden diese beiden Energiearten in der Geschichte der Bundesrepublik mit über 600 Milliarden Euro subventioniert.[4] Rechnet man diese Subventionen auf die Haushalte im Land um, kommen wir auf einen Kostenfaktor von stolzen 15 000 Euro pro Haushalt.

Der Ende 2010 intensiv diskutierte Aufschlag auf die Strompreise zur Förderung der erneuerbaren Energien (EEG-Umlage) beträgt derzeit 3,5 Cent pro Kilowattstunde. Ein Durchschnittshaushalt fördert Wind, Sonne und Co. pro Monat also mit rund zehn Euro. Ohne Zinsen hätte ein Haushalt diesen Aufschlag 125 Jahre lang bezahlen müssen, um auf die bereits für Kohle und Atom ausgegebenen 15 000 Euro zu kommen.

Übrigens: Während die Mehrkosten für den Ausbau der erneuerbaren Energien transparent auf jeder Stromrechnung auftauchen, sind die Subventionen für Atom und Kohle intransparent. Bezahlt werden sie aber trotzdem von den Bürgern.

Drittens verändert sich durch mehr oder weniger Atomkraft bestenfalls der Großhandelspreis für Strom. Ob und wie viel davon beim Verbraucher ankommt, ist in erster Linie eine Frage des Wettbewerbs unter den Stromerzeugern und den Stromvertrieben.

Zum Großhandelspreis gibt es ebenfalls klare Analysen. Der Großhandelspreis für die Kilowattstunde Strom würde sich ohne die aktuell gültige Laufzeitverlängerung um rund 0,3 Cent erhöhen. Da die Strompreise aber täglich erheblich schwanken – allein 2009 bewegten sie sich zwischen minus 3,5 und plus 8,6 Cent pro Kilowattstunde –, fällt dieser ohnehin geringfügige Effekt praktisch nicht ins Gewicht.[5]

Es ist nicht erkennbar, dass Volkswirtschaft und Verbraucher von der im Oktober 2010 beschlossenen Laufzeitverlängerung oder dem Neubau von Kohlekraftwerken profitieren würden – oder durch deren Revision nun einer hohen Zusatzbelastung unterliegen.

Ganz im Gegenteil.

THESE 3: Grundlast-Strom verhindert Wettbewerb.

Grundlast-Strom ist in Deutschland Monopol-Strom. Die vier großen Energiekonzerne kontrollieren auch im vierzehnten Jahr nach der Liberalisierung der Energiemärkte noch immer mehr als vier Fünftel der Stromerzeugung. Ein Sinnbild für das Oligopol sind die 17 deutschen Atomkraftwerke.

Der im Jahr 2000 zwischen den Konzernen und der rot-grünen Bundesregierung vereinbarte schrittweise Atomausstieg bis 2022 diente nicht nur der Befriedung eines seit Jahrzehnten die Republik belastenden gesellschaftlichen Konfliktes. Er war vielmehr auch ein Versprechen an den Markt, dass in diesem langfristigen, für alle Marktteilnehmer gut planbaren Zeitrahmen ein Viertel der Kraftwerkskapazitäten ersetzt werden müssen. Der Energie-Mittelstand erwartete endlich echten Wettbewerb in der Stromerzeugung. Der Markt kam in Bewegung. Der Atomausstieg garantierte der Energiebranche das, was sie am nötigsten braucht: Planungssicherheit.

Damit ist es seit dem Regierungswechsel im September 2009 und dem Aufschnüren des Ausstiegs-Konsenses vorbei. Das Energiekonzept der Bundesregierung schuf mit dem Ausstieg aus dem Ausstieg mehr Unsicherheit als Klarheit. Nach dem japanischen GAU ist unklar, ob und in welchem Tempo es nun möglicherweise zum »Ausstieg aus dem Ausstieg aus dem Ausstieg« kommt.

Die Branche ist zutiefst verunsichert – und das ist mehr als alles andere Gift für die Investitionstätigkeit bei langfristigen Investitionszyklen. Gleich reihenweise wurden in letzter Zeit innovative Kraftwerksprojekte – zum Beispiel Investitionen in flexible, für die Energiewende dringend erforderliche Gaskraftwerke – nicht weiter verfolgt.

So wurde durch die Laufzeitverlängerung das Oligopol der Konzerne E.on, RWE, EnBW und Vattenfall zementiert. Der große Verlierer war bisher der Energie-Mittelstand – Stadtwerke und unabhängige Energieanbieter. Aber auch Branchen wie der Maschinen- und Anlagenbau, der unter ausbleibenden Investitionen leidet.[6] Dabei ist das Potenzial für mehr Wettbewerb im Energiemarkt immens.

THESE 4: Die Energiewende ist der Konjunkturmotor des 21. Jahrhunderts.

Der Ökonom Joseph A. Schumpeter hat den Begriff der »schöpferischen Zerstörung« popularisiert.[7] Schumpeter schreibt 1942: Die Entwicklung neuer Märkte und das organisatorische Wachstum vom Handwerksbetrieb zum Konzern »illustrieren den Prozess einer industriellen Mutation, der unaufhörlich die Wirtschaftsstruktur von innen heraus revolutioniert, unaufhörlich die alte Struktur zerstört und unaufhörlich eine neue schafft. Dieser Prozess der ›schöpferischen Zerstörung‹ ist das für den Kapitalismus wesentliche Faktum. Darin besteht der Kapitalismus und darin muss auch jedes kapitalistische Gebilde leben.«

Die Übersetzung der Megathemen Klimaschutz und Nachhaltigkeit in wirtschaftliches Handeln ist im besten Sinne ein Akt der schöpferischen Zerstörung. Wir müssen uns von alten, überkommenen Wirtschaftsweisen und von alten, überkommenen Denkmustern verabschieden. Das gilt insbesondere auch für den Motor unseres Wirtschaftssystems – die Energieversorgung.

Der *Umbau* der Industriegesellschaft ist der Schlüssel für den nachhaltigen Wohlstand der Zukunft. Nicht der *Rückbau* der Industriegesellschaft oder der *Abbau* von Wohlstand. Dieser *Umbau* ist ein gigantisches Investitionsprogramm mit dem ehrgeizigen Ziel, Ökonomie mit Ökologie zu verbinden. Der Einstieg in ein neues, flexibles und regeneratives Stromsystem bildet die Basis für den Wandel, schafft neue Arbeitsplätze und nachhaltiges Wachstum.

Obwohl erneuerbare Energien in Deutschland erst knapp ein Fünftel des Stromes und ein Zehntel der gesamten Energie liefern, sind die ökonomischen Fakten dieses Wirtschaftssektors schon heute mehr als eindrucksvoll:

– 340000 Arbeitsplätze sind bereits in der Branche der erneuerbaren Energien entstanden. Das ist ein Plus von über 400 Prozent seit 1998.[8] Und täglich entstehen neue Jobs. Zum Vergleich: Kernenergie und Kohlebergbau sichern heute nur noch 74000 Arbeitsplätze. Und täglich werden Jobs gestrichen.[9]

– Allein im deutschen Stromsektor stiegen die Investitionen in erneuerbare Energien 2009 gegenüber dem Vorjahr um 34 Prozent auf 20,4 Milliarden Euro.[10] Dabei stehen die großen Investitionen – zum Beispiel in Offshore-Windanlagen oder Desertec – erst noch bevor.

Das grüne Wachstum ist längst Realität. Laut einer Roland-Berger-Studie[11] werden Umwelttechnologien 2020 vierzehn Prozent des deutschen Bruttoinlandsprodukts erwirtschaften. Deutschland hat in diesen Sektoren schon heute Weltmarktanteile zwischen sechs und dreißig Prozent, und die Chancen stehen gut, dass die deutsche Wirtschaft ihre Position im internationalen Wettbewerb weiter verbessert.

Dabei spielt die Energieversorgung eine Schlüsselrolle. Die Weltmärkte für Solarthermie, Photovoltaik und Windkraft wachsen um fast zwanzig Prozent jährlich. Deutsche Unternehmen besetzen in allen Feldern der erneuerbaren Energien hervorragende Marktpositionen.

Deutschland wird diese Marktchancen, die den Wohlstand der Zukunft garantieren, aber nur ergreifen können, wenn es sich selbst und im eigenen Land die »schöpferische Zerstörung« im Sinne Schumpeters zutraut. Mit ihrem Energiekonzept vom Herbst 2010 wollte die Politik beides: Das Alte bewahren und das Neue schaffen. Doch das wäre ein gefährlicher Irrweg.

THESE 5: Atom und Wind schließen sich langfristig gegenseitig aus.

Am zweiten Weihnachtstag 2009 konnte man viel über das deutsche Energiesystem lernen. Warum?

Es herrschte eine kräftige Brise, viel Windstrom floss ins Netz. Zugleich war der Verbrauch niedrig – die Menschen saßen vor dem Weihnachtsbaum, die Industrieanlagen standen still. Da Wind einen Vorrang bei der Einspeisung genießt, hätten nun eigentlich Grundlast-Kraftwerke – also Atom- und Kohlemeiler – ihre Leistung drosseln oder sogar komplett vom Netz gehen müssen. Doch das geschah nicht. So kam es zu einer massiven Überproduktion von Strom. Die Betreiber konventioneller Kraftwerke zahlten den ganzen Tag drauf, um Abnehmer für ihren überflüssigen Strom zu finden. Der Preis an der Leipziger Strombörse fiel bis auf minus 200 Euro pro Megawattstunde.[12]

Wie ist das möglich? Der Hauptgrund liegt in der mangelnden Flexibilität konventioneller Kraftwerke. Gerade Atomkraftwerke sind nur begrenzt regelbar.

Je nach Kraftwerkstyp können sie bis auf fünfzig oder sechzig Prozent ihrer Leistung heruntergefahren werden – danach müssen sie komplett vom Netz. Und dann? Ein abgeschaltetes AKW benötigt rund fünfzig Stunden, um wieder auf volle Leistung anzufahren. In dieser Zeit steht es nicht zur Verfügung, produziert keinen Strom und keine Gewinne. Da macht es mehr Sinn, das Kraftwerk auch mal am Netz zu lassen, selbst wenn es für viele Stunden Verluste schreibt.

Die Geschehnisse vom zweiten Weihnachtstag 2009 sind heute noch eine Ausnahme. Aber schon 2020 wird der Windstrom zu vielen Stunden im Jahr einen Großteil oder gar 100 Prozent des Strombedarfs decken. Zu diesen Stunden müssten bestehende Atom- und Kohlekraftwerke komplett abgeschaltet werden.

Die Universität Flensburg hat ausgerechnet, wie häufig Atommeiler aufgrund des Vorranges erneuerbarer Energien in Zukunft vom Netz müssten und wie hoch die Produktionsausfälle wären. Bei der im Herbst 2010 beschlossenen Laufzeitverlängerung von durchschnittlich zwölf Jahren käme es ab 2020 zu rund 4400 Abschaltungen von Kernkraftwerken, weil ihr Strom nicht mehr benötigt wird. Diese Betriebsausfälle würden nach einer vorsichtigen Berechnung insgesamt fünf bis zwanzig Milliarden Euro kosten.[13]

Es wäre vermutlich naiv, zu glauben, dass es so weit kommt. Aber was diese Modellrechnung zeigt, ist die ökonomische Dimension des Konfliktes zwischen Erneuerbar und Grundlast, zwischen Wind und Atom. Je länger abgeschriebene konventionelle Kraftwerke laufen, desto größer ist das Interesse der Betreiber, den Ausbau der erneuerbaren Energien zu drosseln und ihren gesetzlichen Vorrang bei der Stromeinspeisung in Frage zu stellen.

Deswegen wäre die von der Bundesregierung beschlossene Laufzeitverlängerung für Atomkraftwerke keine Brücke in das regenerative Zeitalter, sondern eine Bremse, die den notwendigen Wandel verlangsamt.

Das Energiekonzept vom Herbst 2010 ignoriert den Systemwiderspruch zwischen Grundlast-Kraftwerken und erneuerbaren Energien und provoziert einen fundamentalen wirtschaftlichen Konflikt. Denn Atom- und Kohlekraftwerke werden sich in Zukunft nur noch rechnen, wenn der Vorrang der erneuerbaren Energien gekippt und ihr Ausbau gedrosselt wird.

Halten wir also fest: Atom- und Kohlekraftwerke sind nicht flexibel genug, um schwankende Wind- und Sonnenstrom-Erzeugung auszugleichen. Statt Grundlast brauchen wir – ergänzend zum Ausbau der erneuerbaren Energien – neue Stromnetze, Speicher und intelligent gesteuerte Ergänzungskraftwerke. Und das wird schneller umzusetzen sein, als viele denken.

THESE 6: Die beiden wichtigsten Aufgaben sind Netzausbau und Speichertechnologien.

Der Bau neuer Strom-Transporttrassen ist zentral, um vor allem die zügig zunehmende Windenergieproduktion im Norden – die großen Windparks auf See werden in Zukunft den Löwenanteil unseres Stromes liefern – mit den Verbrauchszentren im Süden zu verbinden. Während die Notwendigkeit des Netzausbaus außer Frage steht, kommt die Umsetzung nicht voran.

Es gibt einen Investitions-, Planungs- und Akzeptanzstau, der schnell aufgelöst werden muss. Leider war das Jahr 2010 und das von der Bundesregierung vorgelegte Energiekonzept gleich in doppelter Hinsicht alles andere als nützlich. Denn erstens wurde die energiepolitische Debatte seit September 2009 unnötig auf die Laufzeitverlängerung fokussiert, statt die wirklich wichtigen Dinge anzugehen. Und zweitens ist die Akzeptanz neuer Stromleitungen in der Bevölkerung angesichts offensichtlicher Klientelpolitik der Bundesregierung sicher nicht gestiegen. Vereinfacht gesagt: Die Bürgerinnen und Bürger werden neue Leitungen für Ökostrom eher akzeptieren als für Atomstrom.

Bezogen auf Speichertechnologien ist die entscheidende Frage: Schaffen wir es, mit innovativen Konzepten den nicht unmittelbar nachgefragten Anteil der Stromproduktion zu speichern und in Zeiten von Nachfrageüberschüssen ins Netz einzuleiten? Neben anderen werden derzeit zwei Lösungen diskutiert:

1. Mit dem europäischen Netzausbau stehen dem Energiemarkt ganz neue Perspektiven offen. Künftig könnte in Starkwindphasen deutscher Windstrom in norwegischen Pumpspeicherkraftwerken zwischengespeichert werden, um bei Flaute nach Deutschland zurückzufließen. Die Potenziale in

Norwegen sind enorm, die Investitionskosten dank bereits vorhandener Wasserkraftwerke überschaubar. Norwegische Energieversorger sitzen bereits in den Startlöchern, um dieses lukrative Geschäft zu realisieren.[14]

2. Auch Autobatterien bieten ein enormes Potenzial. Die Bundesregierung will die Elektromobilität massiv fördern. Schon 2020 sollen eine Millionen Elektroautos auf Deutschlands Straßen fahren. Nun wissen wir: Die meisten Autos stehen über neunzig Prozent ihrer Lebensdauer in der Garage. In dieser Zeit ließen sich ihre Batterien – ohne Komfortverluste für die Autofahrer – als flexible Stromspeicher nutzen. Durch diesen energiewirtschaftlichen Zusatznutzen könnte die Elektromobilität enorm an Attraktivität gewinnen.

Wenn man heute Strom nicht einfach in großem Umfang speichern kann, kann auch die Speicherung von Kopplungsprodukten einen Beitrag leisten. LichtBlick hat mit dem SchwarmStrom-Konzept einen unmittelbar umsetzbaren Ansatz vorgeschlagen, der die effiziente Kraft-Wärme-Kopplung nutzt und anstelle des Stroms die Wärme speichert.

Die LichtBlick AG hat mit der Volkswagen AG eine Energie-Partnerschaft geschlossen, die den Strommarkt in Deutschland verändern wird. VW liefert LichtBlick innovative Blockheizkraftwerke – sogenannte »ZuhauseKraftwerke«. Ihr Herzstück ist ein

VW-Gasmotor, der zugleich Wärme und Strom erzeugt.

Das Ziel ist, 100 000 dieser Anlagen in den Markt zu bringen. Sie sichern einerseits die Wärmeversorgung von Gebäuden. Andererseits – und das ist das durchaus Revolutionäre an diesem Konzept – werden diese Keller-Kraftwerke zu einem unsichtbaren Großkraftwerk vernetzt und so die Energieerzeugung gesteuert. Das Konzept erinnert an einen Fisch- oder Vogelschwarm, wo viele Einzelne ein gemeinsames Ganzes bilden. Darum wurde die Idee SchwarmStrom getauft. SchwarmStrom wird – per Mobilfunk und moderner IT zentral gesteuert – immer dann erzeugt, wenn Wind- und Sonnenstrom wetterbedingt nicht ausreichend zur Verfügung stehen.[15]

Stellen Sie sich ein solches Zuhause-Kraftwerk im Keller eines Zweifamilienhauses in Berlin vor. Es ist Mittwochmittag, Deutschland braucht viel Strom. Doch im Norden herrscht Flaute, die Windräder liefern nur wenig Energie. Jetzt müssen alternative Kraftwerke einspringen. Aus der LichtBlick-Zentrale im Hamburger Stadtteil St. Pauli empfängt das Berliner Zuhause-Kraftwerk – so wie Zehntausende andere Anlagen in der ganzen Republik – das Signal zur Stromerzeugung. Binnen einer Minute springt der VW-Motor an. Der jetzt erzeugte Strom wird sofort ins öffentliche Netz eingespeist und trägt dazu bei, den Nachfrageüberschuss auszugleichen. Die Wärme hingegen bleibt im Keller – sie wird in gut isolierten Wassertanks zwischengespeichert. Eine Stunde später sinkt der Strombedarf im Markt, das Berliner Keller-Kraftwerk wird von LichtBlick wieder abgeschaltet. Die Pufferspeicher sind nun prall gefüllt mit heißem Wasser. Wenn die Bewohner des Hauses abends von der Arbeit heimkehren, haben sie ausreichend Wärme zur Verfügung, um ihre Wohnungen zu heizen oder zu duschen.

Langfristig kann SchwarmStrom aus 100 000 Zuhause-Kraftwerken die Erzeugungskapazität von zwei Atomkraftwerken ersetzen. Die gasbetriebenen Kraftwerke sind nicht nur umweltfreundlich, sondern auch extrem flexibel. Sie ergänzen so ideal die stark schwankende Stromproduktion aus Wind und Sonne.

Zuhause-Kraftwerke werden mit Erdgas betrieben. Das Gas wird hier zu über neunzig Prozent genutzt (der Wirkungsgrad eines Atom- oder Kohlekraftwerks liegt bei nur dreißig bis 45 Prozent). Aufgrund dieser hohen Effizienz sinkt der CO_2-Ausstoß gegenüber der herkömmlichen Strom- und Wärmeerzeugung um bis zu sechzig Prozent. Deshalb gilt SchwarmStrom schon heute als Ökostrom.[16]

Erdgas in Kraft-Wärme-Kopplungsanlagen ist aufgrund der Effizienz und der Flexibilität der Anlagen eine echte Brückentechnologie. Und in Zukunft kann Erdgas durch Biogas ersetzt und SchwarmStrom vollständig regenerativ erzeugt werden. Die GreenTec-Industrie entwickelt viele weitere Lösungen für den Übergang in das regenerative Zeitalter. Smart Grids oder die Speicherung von Ökostrom durch die Umwandlung in Wasserstoff oder Methan werden schon in wenigen Jahren den Strommarkt verändern.

Die »schöpferische Zerstörung« ist in vollem Gange. Der Abschied von der Grundlast öffnet die Märkte für die neue Zeit nachhaltiger und klimaschützender Stromerzeugung – und damit auch für Unternehmen, die sich dem Klimaschutz ebenso verschreiben wie dem wirtschaftlichen Handeln.

FAZIT:

Für die Energiewende brauchen wir ein neues Denken in der Energiepolitik. Klassische Begriffe wie »Grundlast« passen nicht mehr in die Energielandschaft des 21. Jahrhunderts. Alternative Konzepte stehen bereit, um einen schnellen Ausstieg aus der Atomkraft zu vernünftigen Kosten zu realisieren.

Der Abschied von der Grundlast-Ökonomie öffnet den Markt für neue Akteure, die diesem neuen Denken verpflichtet sind und die es mit Klimaschutz und Nachhaltigkeit ernst meinen.

Der zügige Übergang in das regenerative Zeitalter ist möglich. Aber das Motto für diese Anstrengungen kommt immer noch aus der alten Energiewirtschaft: »Es gibt viel zu tun. Packen wir's an!«

Dr. rer. pol. CHRISTIAN FRIEGE (44) ist Vorstandsvorsitzender der LichtBlick AG.

Dipl.-Pol. RALPH KAMPWIRTH (42) ist Leiter Unternehmenskommunikation der LichtBlick AG.

IMMER MEHR IST IMMER WENIGER

Wer bestimmt eigentlich über den Fortschritt?
von RICHARD DAVID PRECHT

Wäre der Kölner Dom heute noch zu realisieren? Ein Bauwerk mit einer Bauzeit von insgesamt 632 Jahren? Ein Prestigeprojekt mit zahlreichen Baustopps und vielfach geänderten Plänen? Ein Renommierprojekt der Herrschenden mit phantastischen Kosten? Und das alles, ohne dem Volk die Pläne vorzulegen, die Kosten vorzurechnen und ohne Abstimmung?

Auch der Eiffelturm würde heute wohl nicht mehr gebaut. Und, um in Deutschland zu bleiben, auch nicht die Wuppertaler Schwebebahn. Nichts davon ginge mehr. Jedenfalls nicht bei uns. Und weil das Wehklagen darüber groß ist, saß der Architekt Meinhard von Gerkan im November in einer Talkshow zum Thema Bürgerprotest, um dort zu erklären, dass er in China eine Satellitenstadt für 800 000 Menschen bauen kann, zehnmal schneller, als das in Deutschland möglich wäre.

Natürlich möchten auch die Gegner des Bürgerprotests in Deutschland keine Diktatur nach chinesischem Vorbild einführen. Sie möchten nur deren Vorteile genießen. Aber ein lautstarker Teil des deutschen Volkes wird immer rebellischer. Verweigert er den Fortschritt?

Fortschritt ist, wenn es immer schneller, höher und weiter geht, lautete das Credo des Viktorianischen Zeitalters. Die Moderne fand ihren gebauten Ausdruck in Gusseisen und Stahl. Wohlstand für viele, das hieß vor allen Dingen: von allem mehr. Ideologien kamen und gingen, aber eines blieb: der Ruf nach Fortschritt durch Wachstum. Der enorme wirtschaftliche und soziale Erfolg in den Staaten der westlichen Welt gab dem recht. Und die Gleichung war über die letzten 150 Jahre so evident, dass heutige Statistiken keinen anderen Wert bei der Beurteilung des wirtschaftlichen Erfolgs zulassen als die Steigerung des Bruttoinlandsprodukts.

Erfolg freilich macht häufig blind. Denn selbstverständlich ist nicht die Steigerung des BIP das vornehme Ziel von Wirtschaftspolitik. Vielmehr ist es deren Aufgabe, dazu beizutragen, möglichst vielen Menschen ein erfülltes Leben zu ermöglichen. Die Steigerung des BIP zum Ziel der Wirtschaftspolitik zu erklären ist in etwa so sinnvoll wie zu behaupten, der Sinn der jüdisch-christlichen Religion sei die Erfüllung der Zehn Gebote. Wer so argumentiert, verwechselt das Ziel mit dem Mittel.

Die entscheidenden Fragen also lauten: Was ist heute ein erfülltes Leben? Und: Ist nur das »Mehr und immer mehr« von etwas Fortschritt? Wenn das so wäre, was ist dann mit den kulturellen Fortschritten

einer Gesellschaft, mit der Erklärung der Menschenrechte, dem Rechtsstaat, den Rechten der Frau, der be-
trieblichen Mitbestimmung? Bereits Ende der mit kulturellen Fortschritten reich gesegneten siebziger Jahre
unterschied der österreichische Philosoph Paul Feyer-
abend zwischen zwei Kategorien des Fortschritts: dem
quantitativen und dem qualitativen. Der quantitative
Fortschritt »SchnellerHöherWeiterMehr« ist in sich
wertneutral. Ein Mehr an Lebensmitteln ist gut, wenn
Menschen hungern, und es ist überflüssig, wenn sie satt
sind. Erst die Umstände entscheiden über die Qualität. Die Steigerung des BIP mag als positiv betrachtet
werden etwa für den Arbeitsmarkt. Und dieser sichert
wiederum unsere sozialen Sicherungssysteme. Sie ver-
liert aber sofort ihren Zauber, wenn man dafür eine
Schnellstraße etwa durch Rothenburg ob der Tauber
baut, was vielleicht Arbeitsplätze schafft. Was auf der
Strecke bliebe, wären qualitative Güter wie Schönheit,
Ruhe, Heimat und das städtische Sozialgefüge.

Es gibt Wichtigeres im menschlichen Leben als materiellen Fortschritt, jedenfalls in einem reichen Staat
wie der Bundesrepublik. Wenn man in Bangladesch
allen Menschen 500 Euro im Monat zusätzlich garantierte, mehrte dies auf phantastische Weise längerfristig ihr Glück. Täte man das Gleiche in Deutschland,
pendelte sich der Level für die meisten, mit Ausnahme
der ganz Armen, nach kurzer Erregung sehr schnell
wieder auf das alte Niveau ein. Auch mit dem zweiten
Credo der Moderne ist dies nicht anders: Mehrt ein
mutmaßlicher Zeitgewinn von einer halben Stunde

zwischen Ulm und Stuttgart dauerhaft bundesdeutsches Menschenglück? So sehr, dass wir dafür einige Milliarden für den neuen Stuttgarter Bahnhof und die Streckenführung investieren sollten? Noch weiter gefragt: Macht Zeitsparen beim Reisen glücklich? Wem wäre nicht aufgefallen, dass nahezu alle Verkehrsverbindungen in Deutschland seit Jahrzehnten schneller geworden sind und trotzdem heute kein Mensch mehr Zeit hat?

Die Jo-Jo-Effekte des materiellen Glücks und des Zeitsparens sind vielfältig erkannt und beschrieben. Doch welche Folgen zeitigt diese Erkenntnis in der Politik? Wenn man sich fragt, wo die Regierungskoalition in Bezug auf diese grundlegenden Erkenntnisse über menschliche Bedürfnisse steht, so lautet die Antwort: Genau daneben! Achselzuckend nimmt man es in Berlin zur Kenntnis, sortiert es ein als psychologische Folklore, im sicheren Wissen, dass alles nur so geht, wie es bisher geht. Ein politischer Taoismus, der seinen Ausdruck findet im politischen Unwort des Jahres 2010: »alternativlos«. Als wenn nicht ein jeder Soziologe oder Politologe bestätigte: Eine pluralistische Demokratie, die ihre Politik als »alternativlos« wahrnimmt, glaubt nicht mehr an sich selbst.

Dass sich unsere Gesellschaft dringend erneuern muss – ähnlich wie die alte Bundesrepublik Ende der sechziger Jahre –, kommt bei vielen Eliten noch immer nicht an. Selbstverständlich wird man kein Gehör finden bei den Lobbyisten jener Firmen, deren Geschäfte von einer solchen Transformation bedroht sind. Und natürlich auch nicht von ihren vielen politischen Fürsprechern in Berlin.

Bedenklicher stimmt, dass man den Umbruch auch den vielen Journalisten nicht erklären kann, die über die »Wutbürger« von Stuttgart staunen und meckern, allen voran jenen der »Generation Golf«, die ihr liebgewonnenes altes Feindbild aus Kindertagen aus der Kiste holen wie ein längst verloren geglaubtes Kuscheltier – den »Gutmenschen«. Die Veralberung der anderen ist ein probates Mittel, das große Loch in der eigenen Psyche zu füllen, der es an historischer Erfahrung mangelt, an Zielen und an Sinn.

Gegen diesen anachronistischen Zug steht ein in ungezählten Umfragen dokumentierter Mentalitätswandel. Danach verwirklicht sich ein erfülltes Leben auf dem durchschnittlichen bundesdeutschen Wohlstandsniveau nicht weiter durch mehr Zeug, sondern durch mehr Zeit. Es realisiert sich in der Familie und unter Freunden. Und es ist geprägt durch Selbstbestimmung, Kollegialität, Verständnis, Humor und viele kleine Freiheiten bei einem ordentlichen Maß an sozialer Sicherheit. Mit SchnellerHöherWeiter hat dies oft wenig zu tun. Ein Weniger an Autos mit Verbrennungsmotor in unseren Städten kann ein Mehr an Lebensqualität sein. Technischer Fortschritt ist fast immer zweischneidig, daran lässt sich nichts ändern. Aber heute und erst recht in Zukunft werden die Bürger selbst darüber entscheiden, wo und wie sie diesem Fortschritt begegnen.

In solcher Lage nützt es den Freunden des »Weiter

so« wenig, die Protestierenden in Stuttgart, Gorleben, Hamburg und anderswo als provinziell zu brandmarken, als Hüter von Gartenzwergidyllen oder gar als Egoisten. Ist, wer an der tausend Generationen übergreifenden Sicherheit von Atommülllagerstätten zweifelt, ein Egoist? Ist es provinziell, eine solche Hochrisikogrube nicht vor der Haustür haben zu wollen?

Auch der Hickhack um neue Überlandleitungen für Windenergie beweist weder Fortschrittsfeindlichkeit noch Provinzialität. Kein Protestler, der gegen die Überlandleitungen aufmuckt, ist gegen die Windenergie. Gerungen wird allein um die Frage von Freilandleitungen oder Erdkabeln. Und vor allem: wer darüber zu entscheiden hat. Die Energiekonzerne oder die betroffenen Bürger, denen man die Masten aufs Grundstück setzen will? Immerhin wohnen die weltgewandten altruistischen Chefs der großen Energiekonzerne mit ihren Familien nicht unmittelbar neben den Kernkraftwerken oder Endlagern, deren Unbedenklichkeit sie uns zusichern. Und sie legen sich auch keine Stromleitungen über ihre Villen.

Und nicht zuletzt: Was spricht eigentlich gegen ein gewisses Maß an Eigennützigkeit bei betroffenen Bürgern? Muss, wer in unserem Staat gegen etwas protestiert, ein Heiliger sein? Ist ein Stuttgart-21-Gegner nur dann berechtigt, sich bei den »Guten« zu wähnen, wenn er gleichzeitig auf sein Auto verzichtet, die Hälfte seines Einkommens spendet und Vegetarier ist?

Die Widersprüche unseres heutigen Lebens lassen sich nicht am Reißbrett lösen. Sie sind kein Entweder-

oder, wie in den frühen achtziger Jahren, als die Grünen rhetorisch laufen lernten. Stattdessen verlangen sie nach Trennlinien quer durch die etablierten Schemata von rechts und links, konservativ und progressiv, Wachstum und Verzicht, Provinzialität und Weltoffenheit. Die Weltanschauung der Gegner von Stuttgart 21 lässt sich nicht in ein überkommenes Schema pressen. Die alten Freund-Feind-Linien aus der Gusseisenzeit der deutschen Geschichte überzeugen nicht mehr. Sie haben sich aufgelöst in neuen Frontstellungen mit neuen Feindschaften und Solidaritäten: das Selbstbestimmungsrecht der Städte gegen die Bundesländer und den Bund; mehr Mitbestimmung der Bürger in Kommunen und Ländern gegen die verkrusteten Strukturen unserer repräsentativen Demokratie; mehr Kontrolle des Lobbyismus, mehr Gesetze gegen legale Korruption. Es geht mit einem Wort um die Frage: Wollen wir mehr Demokratie wagen oder nicht? Wollen wir mehr Politikbegeisterung zulassen, oder wollen wir sie mit Wasserwerfern bekämpfen? Wollen wir die Entscheidungen hinter den politischen Kulissen transparenter machen, oder wollen wir sie mit Macht unter Verschluss halten?

Fortschritt und Wachstum, Dynamik und Innovation sind für eine Gesellschaft unverzichtbar, sowohl wirtschaftlich wie sozial. Der Streitpunkt ist nicht, ob, sondern wie. Nicht um die Quantität wird gerungen, sondern um die Qualität. Gegner von Kernenergie und Stuttgart 21 und Freund fortschrittlicher Technik zu sein schließen sich nicht aus. Der Fortschritt der

Zukunft zielt nicht mehr auf Überbietung, sondern auf ein Mehr an Transparenz und Effizienz. Moderne Technologien, die wir zwingend weiter fördern müssen, sollen dazu dienen, Energie zu sparen, Material zu verbessern, die Umwelt zu schonen. Schneller oder größer werden aber müssen wir nicht mehr. Es gibt Zeiten für den Eiffelturm und solche für Wärmedämmung. Es gibt Zeiten für neue Städte und solche für die Restauration, Belebung und Umgestaltung der alten.

Die größten technologischen Innovationen der Gegenwart werden bezeichnenderweise in demokratischen Ländern mit reger Bürgerkultur entwickelt und nicht in Wirtschaftsdiktaturen. Ja, richtig, eine Stadt, am Reißbrett geplant für 800 000 Menschen, bekäme bei uns keine Regierung mehr durchgesetzt und kein Bauherr. Aber wozu auch? Die Deutschen werden bekanntlich immer weniger. Und ja, auch der Kölner Dom wäre heute in Deutschland nicht mehr zu bauen. Nur noch in Dubai oder China. Vieles, da haben die Freunde von Opas Fortschritt recht, wäre bei uns heute nicht mehr möglich. Aber es ist ja auch schon da.

RICHARD DAVID PRECHT, geboren 1964, studierte Germanistik, Philosophie und Kunstgeschichte in Köln. Promotion 1994. Veröffentlichte Bestseller wie »Wer bin ich – und wenn ja, wie viele?« und »Liebe. Ein unordentliches Gefühl« und unterrichtet an der Université du Luxembourg. Er lebt in Köln und Luxemburg.

PROMETHEUS AM ABGRUND

von FRIEDRICH SCHORLEMMER

I

Unter dem Foto riesiger bedrohlich rauchender Chaosberge der Zivilisation, vom Tsunami aufgetürmt, steht in fetten Lettern »In diesem Schrott kocht die Atomhölle«, denn dieser Schrotthaufen, jammervoller Überrest einer Stadt, ist auch noch kontaminiert. Wohin damit?

Ein anderes Foto zeigt ein etwa vierjähriges japanisches Mädchen mit verwundert aufgerissenen Augen und erhobenen Händen. Der vor ihr hockende Mann mit Schutzanzug tastet das Kind mit dem Geigerzähler ab. Der Ausdruck des Unbegreiflichen in jenem Kind geht mir nahe, darin mein vierjähriges Enkelkind Mirjam sehend.

Stündlich kommen neue Nachrichten und niemand – auch nicht die Experten vor Ort – weiß bisher, wie die Atomkatastrophe ausgeht, ob es gar noch zum Super-GAU kommt. Jetzt schon ist das Meerwasser im Pazifischen Ozean verseucht. Wen kann das kaltlassen und wen betrifft das nicht in der globalisierten Welt mit 438 Atommeilern?

Das Problem ist ungreifbar, die Ohnmacht spürbar. Wir haben nicht das erlösende Wort, die Gefahren bannende Zauberformel, die dem Unheil Einhalt gebieten könnte. Überall nur noch stammelndes Verstummen – oder Fortsetzung von Verharmlosungs- und Verdrängungsstrategien. »Das ist doch so weit weg. Was regt ihr euch so auf?« Der 11. März 2011 wird sich in unser kollektives Gedächtnis eingraben wie der 26. April 1986 – vor fast genau fünfundzwanzig Jahren.

Der Zauberlehrling Mensch wird die Geister, die er rief, nicht wieder los. Es gibt keinen Gegenzauber, um aus dem Schlamassel herauszukommen. Selbst nach dieser tragischen Verkettung unglücklicher Umstände vor Fukushima ist keine Welt in Sicht, in der übermächtige Energiekonzerne und Staaten ernsthaft der Versuchung widerständen, letztlich doch wieder Sicherheit gegen Gewinn (und Wohlstand) zu tauschen.

2

Entweder zeigt sich die Menschheit der Katastrophe angesichts dieses Technikversagens gewachsen und reagiert mit weitreichender Einsicht und praktischen, weltweiten Konsequenzen, oder der Tag, an dem es im nächsten Atomkraftwerk zur Havarie kommt und Wasser, Boden und Luft verseucht werden, wird kommen. Der Tag ist zwar nicht bestimmbar, statistisch jedoch um so erwartbarer. Das Mögliche, aber so unwahrscheinlich Erscheinende kann jeden Tag wieder wirklich werden.

Eine Technik, die wir nicht beherrschen können, die im Havariefall gänzlich außer Kontrolle geraten und auf unabsehbare Zeit unabsehbare Schäden anrichten kann, dürfen wir nicht nutzen. Ein terroristischer Angriff, ein technischer Fehler, eine menschliche Schlamperei, eine Naturkatastrophe, ein kontinentaler Stromausfall ... All dies kann in einem der 438 Atomkraftwerke der Welt eintreten. Hinzu kommt das erpresserische Potential, das jedes Atomkraftwerk (und nicht nur Atombomben) in zerfallenden Staaten birgt.

Alle haben auf die Einsicht hinzuwirken, dass wir uns von einer Technik verabschieden müssen, bei der im extremen »Störfall« Ingenieure, Arbeiter und Feuerwehrleute in strahlende Todeszonen geschickt werden (müssen), um noch größeres Unheil – und das auch nur vielleicht! – abzuwenden.

Bei Strafe unseres Untergangs. Wir dürfen nur eine Technik in Betrieb nehmen, die fehlerfreundlich ist, weil der Mensch in vieler Hinsicht fehlbar ist. Menschen versagen, werden verführbar, fanatisch, besessen, drehen durch, nehmen Drogen, übersehen »Haltesignale« oder überschätzen sich maßlos, werden gleichgültig oder richten absichtlich Unheil an. Es ist eine Technikkultur zu entwickeln, die fehlbaren Menschen, unberechenbaren Launen der Natur und möglichem Versagen selbst der besten technischen Sicherheitsvorkehrungen angemessen ist.

Auch in Wissenschaft und Technik gibt es Irrwege, die nicht einmal die fähigsten Experten rechtzeitig erkannt haben. Umdenken ist daher nicht eo ipso Umfallen. Keine »Siehste!«-Rechthaberei der Warner! Umdenken ist auch jenen zuzumuten und zuzutrauen, die noch gestern ganz anders geredet haben. Es gibt zu denken, dass in Japan, einem hochkontrollierten Land, das über Hochtechnologie verfügt, neben zu optimistischer Einschätzung der Erdbebengefahr auch menschliche Schlamperei zur Eskalation des Atomunfalls führte, weil nötige turnusmäßige Kontrollen und Reparaturarbeiten nicht stattgefunden hatten. Dies aber gab die Betreiberfirma Tepco erst vierzehn Tage nach dem Unglück zu. War das 1986 in Tschernobyl nicht ganz ähnlich, wurde indes dem unfähigen kommunistischen System zugeschrieben?

Die Politik ist für die Legitimität der Wirtschaft zuständig und muss das tun, was dem Wohl der Bürger insgesamt entspricht. Die Ökonomen handeln ökonomisch in Bezug auf ihren jeweiligen Verantwortungsbereich. Wenn aber das Interesse der Aktionäre über dem Gemeinwohl steht, muss die Politik im Zweifelsfall rechtliche Grenzen setzen.

Eine Technik, die wir – im vielfach möglichen! – Havariefall nicht mehr unter Kontrolle haben und deren unabsehbare Folgen wir fürchten müssen, darf schlicht nicht zur Anwendung kommen. Die Menschheit kann es sich eigentlich nicht mehr leisten, erst aus solchen Katastrophen zu lernen.

Wir brauchen Verantwortlichkeit und ein tiefes und anhaltendes Mitgefühl in der Jetzt-Zeit wie auch über unseren Raum und unsere Zeit hinweg. Der substantielle kulturelle Wandel ist das am schwersten Vorstellbare – zwischen der Skylla Atomunglücke und der Charybdis Klimakatastrophen. Die eine ernsthafte Umkehr torpedierende Mischung aus Bequemlichkeit, Ignoranz, Gleichgültigkeit und egoistischem Jetztzeit-Wohlstandsinteresse ergibt eine juristisch nicht belangbare Verantwortungslosigkeit und Zukunftsblindheit, unterstützt von der Behauptung der Alternativlosigkeit und »praktischer Vernunft«. Der Weg vom Bewusstseinswandel zum Handlungswandel ist weit, konfliktreich und nur über einen politisch-mentalen Konsens zu finden, zumal die moderne Zivilisation gänzlich auf hohe und zuverlässige Energiezufuhr angewiesen ist.

Die Politik steht vor der Aufgabe, sowohl selber präventiv zu handeln als auch alles dafür zu tun, dass die Wirtschaft und die Bürger sich nicht vom Diktat der »Kurzfristigkeit« leiten lassen. Sie muss sich gegen massive ökonomische Interessen einzelner Konzerne durchsetzen. (Schließlich bringt ein einziges, bereits abgeschriebenes Kernkraftwerk wie Biblis eine Million Euro täglich.) Die Rede von der angeblich sauberen und auch billigen Energiegewinnung durch AKW wird geradezu zum Hohn, wenn der Abriss – als Rückbau oder Entsorgung firmiert – des vergleichsweise kleinen Reaktors in Rheinsberg inzwischen 140 Millionen Euro teurer wird als geplant und nach jetzigem Erkenntnisstand 460 Millionen Euro kosten soll. Abgesehen davon sind die Kosten für die Endlagerung des Atommülls noch nicht kalkulierbar.

Und gegenüber den Verbrauchern muss man den Mut aufbringen, zuzugeben, dass Energiekosten erhöht werden und gewohnte Wohlstandsstandards heruntergefahren werden.

Wer die Atomenergie für alternativlos und eine wirkliche Energiewende nicht für möglich hält, schreibt fest, was ist, und gibt Kriterien einer Mehrgenerationenverantwortung, also einer »Enkelverträglichkeit«, preis. Menschen denken gemeinhin in einem Ein- bis Zwei-Generationen-Horizont. Uns sprachbegabten Primaten mit Feuerverfügung ist Voraussicht zugemutet, nämlich in einem Viel-Generationen-Horizont zu denken und *vor* dem Schaden zu lernen, statt auf Katastrophen zu warten, die einen Schock auslösen, der kurzzeitig zu kleineren Veränderungen führt.

Unsere Industriegesellschaften brauchen grundlegendes Umsteuern, wenn wir denn der Verantwortung vor der uns anvertrauten, auch künftigen Generationen gehörigen Lebenswelt gerecht werden wollen. Das betrifft den Energieverbrauch pro Kopf einer Gesellschaft, das betrifft den Flugverkehr, das betrifft die Abholzung der Urwälder, die Überfischung der Weltmeere, den unwiederbringlichen Verbrauch von Erdöl und anderen Ressourcen. Nicht nur der Weltfrieden erfordert »eine außerordentliche moralische Anstrengung«, wie sie Carl-Friedrich von Weizsäcker 1963 einforderte, sondern unser Umgang mit dem menschlicher Herrschaft unterworfenen Globus insgesamt.

Wir alle werden lernen müssen zu akzeptieren, dass wir vor dem Aus des unersättlichen prometheischen Feuertraums stehen. Was wir als Kernkraftkatastrophen erleben (werden), ist schlimmer als die Sintflut, denn das Wasser der Sintflut sank schließlich, und das Leben konnte wieder unbelastet beginnen; der Turm von Babel blieb unvollendet, doch als Mahnung vor aller himmelstürmenden Hybris im Gedächtnis. Was wir erleben, ist der Einsturz unseres babylonischen Hybristurms – erst in Tschernobyl, nun in Fukushima. Lange hat man sich mit der Formel beholfen, dass das Leben an sich ein Risiko sei und dass die friedliche Nutzung der Kernenergie eben auch ein »Restrisiko« in sich berge. So wurde eine gängige Allerweltsweisheit auf Atomkraftwerke bezogen. Dabei handelt es sich um eine statistische Unwahrscheinlichkeit, die die Möglichkeit einschließt, dass das Unwahrscheinliche täglich eintritt und dann gänzlich unkalkulierbare katastrophale Folgen hat. Eine Technik, die mit diesem Risiko behaftet ist, ist dem Menschen nicht zuträglich. Nicht das Unmögliche ist möglich, sondern das Mögliche ist wirklich geworden.

Noch vor vierzig Jahren war ein scientistisches Weltbild mit einem unerschütterbaren Wissenschafts- und Technikglauben verbunden – ohne die Ambivalenz allen menschlichen Handelns wahrzunehmen.

Das Zusammentreffen zweier naturbedingter Katastrophen mit einer vom Menschen verursachten Katastrophe ist insbesondere für die unmittelbar Betroffenen, für ganz Japan und für die ganze Welt tragisch. Hier zeigt sich das, was vor über fünf Jahrzehnten Günther Anders als die »Antiquiertheit des Menschen« bezeichnet hat: Der Mensch ist konstitutionell der von ihm geschaffenen technischen Welt nicht gewachsen. Die Frage, was wir tun können, aber nicht tun dürfen, ist nicht nur im Blick auf die Massenvernichtungswaffen, sondern auch in Hinblick auf die friedliche Nutzung der Atomenergie oder die Genmanipulation zu stellen.

Die gesamte Weltkultur ist inzwischen mehr oder weniger von einem Prometheismus geprägt. Wir tragen gewissermaßen Goethes Sturm-und-Dranggedicht in uns. Unser Weltbild ist weithin bestimmt von dem Traum, über alles und alle verfügen zu können. Kaum jemand kann sagen, dass er von diesem Denken nicht infiziert ist, gerade diejenigen nicht, die behaupten, sie seien »draußen«. Wir sind als Zeitgenossen vom Problem mitbetroffen und zugleich Teil des Problems.

Goethe schrieb 1777 sein wirkungsvolles Prometheus-Gedicht. Die Verse über jenen titanischen Alleskönner sind nicht zu lesen ohne den Zauberlehrling, jenen sich selbst gründlich überschätzenden und »eingebildeten« Techniker, der's dem »alten Hexenmeister« gleichtun will und wohl geheimnisvolle Kräfte zu seinem Nutzen auslösen kann, aber nicht das erlösende Wort zu finden vermag, um sie wieder zu bändigen. »O, du Ausgeburt der Hölle! Soll das ganze Haus ersaufen?« Nun erzittert die ganze Welt. Ausgerechnet die Japaner haben's nicht im Griff. Hilflosigkeit wird daran erschreckend sichtbar, dass man plötzlich kein

Wasser mehr zur Kühlung der Brennstäbe hat, Meerwasser in die Reaktoren hineinpumpt und beim Rücklauf die Kontaminierung des Meeres in Kauf nimmt, keinesfalls wissend, ob die Notmaßnahmen wirklich helfen werden. Eine Wundertechnik ist außer Rand und Band – mitten im Hochtechnologieland par excellence!

Das erschreckende Unglück fordert uns mitten in einer entgötterten, gottlosen Welt einsichtsvolle Demut ab. Und so etwas wie eine tiefe »Ehrfurcht *vor* dem Leben«, die in Verantwortung *für* das Leben mündet.

»Gott ist tot. Gott bleibt tot. Und wir haben ihn getötet«, ließ Nietzsche ausrufen. Es gibt niemanden, der uns Erdenbürgern gebietet und verbietet. Wir sind niemandem »über uns« verantwortlich und können niemanden mehr verantwortlich machen als uns selbst. Der Weltuntergang ist Menschenwerk. Er ist herstellbar, selbst wenn er nicht beabsichtigt ist.

Wir sind allein, ganz allein mit dieser Welt, deren Kräfte wir in gigantischer Hybris entfesselt haben. Der »Bund des Vertrauens« in den Fortbestand des Lebens nach der mythischen Sintflut (Gen 8,21 f.) ist zerbrochen, selbst der große Sinnzusammenhang des »Stirb und werde«, in dem jeder sich als ein Glied in einer ewigen Kette verstehen konnte, löst sich auf. Was wir künftig zu tun und zu unterlassen haben, ist in unser (un)einsichtiges Belieben gestellt. Wir sind allein mit der Welt, keiner »höheren Instanz« verantwortlich, nicht versammelt um eine so tragende wie normgebende Mitte. Keine Theodizeefrage (Wie konnte Gott das zulassen?) mehr wie 1755 nach dem Erdbeben von Lissabon, das die ganze europäische Geisteswelt aufrührte. Dabei war's doch »nur« ein Beben gewesen und keine Dreifachkatastrophe, tragisch für die Betroffenen, aber nicht für Jahrhunderte tödlich strahlend.

Noch ist unklar, *ob* wir aus einer solchen Katastrophe lernen, *was* wir lernen und *wie lange* das anhalten wird. Schon wird zur Sachlichkeit, zur Nüchternheit, zur Vernunft gemahnt – gegen Erschrecken, Erschütterung, Mitleid, gegen Emotion eben. RWE-Chef Jürgen Großmann erklärt in der Pose eines ungerührten nüchternen Sachwalters für hierorts unanfechtbare Technik: »In Deutschland haben wir ein Regelwerk, das höchste Sicherheitsstandards vorschreibt.« Und er plädiert weiter für die Laufzeitverlängerungen und will die »Ereignisse in Japan« analysieren und dann bewerten, »ob daraus vielleicht noch neue Erkenntnisse für den Betrieb unserer Kraftwerke resultieren« (DIE ZEIT, 17.3.2011). Profitbesessene Relativierer sprechen gern geschönt von »Ereignissen«, wo doch eine Katastrophe ins Haus steht. Die Hauptsache war, ist und bleibt das Geschäft. Gott ist tot, aber der Abgott wird angebetet.

Wer aus dieser risikobelasteten Energieform aussteigen will, muss Abhilfe schaffen, die hauptsächlich in Energieersparnis liegen muss – bis hin zur intelligenten Energieverbrauchsbegrenzung. Die eigentliche Alternative zum Atomstrom (wie zum klimaschädlichen Verbrennen fossiler Stoffe) heißt sparsamster

Energieumsatz, verbunden mit allmählicher neuer Dezentralisierung der Erzeugung und Versorgung, heißt konsequent sparsame Technologien, Recyclingwirtschaft, Wärmedämmung, Stärkung des öffentlichen Verkehrs bei Reduzierung des Waren- und Personenverkehrs, Verringerung der Tempolimits, eine drastische Kerosinsteuer.

Das fossile Zeitalter hat uns zwar unglaublichen Wohlstand gebracht, aber wir verbrauchen in kurzer Zeit die in Jahrmillionen entstandenen Energieträger und lassen damit künftigen Generationen kaum Chancen, sie intelligenter zu nutzen. Der heute lebenden Generation ist eine grundlegende Energie*verbrauchswende* neben einer auf Nachhaltigkeit (Regenerierbarkeit) beruhenden Energie*erzeugungswende* abverlangt – vielleicht bis hin zu einer Energielimitierung für Haushalte, wie sie jahrhundertelang aus ganz natürlichen Gründen selbstverständlich war.

Das von Prometheus »den Göttern« geraubte Feuer ist Segen *und* Fluch für den Menschen. Es gilt, ein metaphysisch kaum noch begründbares Grundvertrauen zu behalten, dass uns die Welt letztlich doch gut ist. Daraus erwächst – trotz allem! – eine handlungsmotivierende Hoffnung. Und Hoffnung lässt »nicht zuschanden werden« (vgl. Römerbrief 5,3–5). Sperare contra spem!

Die Halbwertszeit rationaler Gefahreneinsichten, Umkehr mobilisierender Ängste bzw. emotionaler Schocks ist erfahrungsgemäß gering. Doch hic et nunc – hier und jetzt – ist entschlossen, schadenminimierend zu handeln, damit nicht nächste Generationen unter den Folgen einer Diktatur der Jetztzeit zu leiden haben!

3

Eine Technik, die wir Menschen zwar nutzbringend *einschalten*, aber im Schadensfalle nicht mehr *ausschalten* können und mit der wir längerfristig unabsehbare Schäden hinterlassen, ist nicht mehr verantwortbar. Nur eine fehlerfreundliche Technologie kann verantwortlich genannt werden, nicht eine so weitreichend risikobehaftete Energieform, bei der viele immer noch verharmlosend von einem »Restrisiko« sprechen. Solches Gerede ist hirnrissig, weil es verschleiert, dass das in Rede stehende »Risiko« lang wirkende atomare »tödliche Verstrahlung« heißt. Man muss von »statistischer Unwahrscheinlichkeit der Katastrophe« sprechen. Es ist unwahrscheinlich, aber jeden Tag möglich, dass ein Selbstmordattentäter eine Passagiermaschine in ein Atomkraftwerk lenkt oder ein verrückter Diktator eine Mirage nach La Hague schickt oder selbst doppelt gesicherte Notstromanlagen aussetzen!

Jetzt ist gemeinsames Umdenken um unser aller willen nötig, jedenfalls kein parteipolitisches Hin- und Hergezänk.

Sind wir doch alle zuerst mitbetroffene Kreaturen. Manche Hundertachtzig-Grad-Wendung – von einem Tag zum anderen – wirkte zunächst nicht besonders glaubwürdig. Aber wer wollte sich ein lernverweigerndes Festhalten am Falschen wünschen, statt gemeinsam den schwierigen Wandel voranzutreiben?

In Deutschland und darüber hinaus ist vielmehr eine Debatte zwischen allen bisherigen »Lagern« darüber zu forcieren, wie wir so schnell wie irgend möglich aus dieser diabolischen Technologie aussteigen können.

Schließlich wären die Folgen etwa eines gravierenden Störfalls im Reaktor in Temelín – ein Tschernobyl-Typ! – unabsehbar. Auch die sehr sicherheitsbewussten Schweden sind gerade an einem größeren Unfall knapp vorbeigeschrammt. Man mache sich klar: Fünf Prozent des Staatshaushaltes der Ukraine fließen auf unbestimmbare Zeit in die fortlaufend nötige Sicherung des Tschernobyl-Sarkophags, wobei die Experten nicht sagen können, was im Inneren dieses Riesensarkophags abläuft. Jedenfalls muss er »ewig« zugedeckt werden.

Nur den Ausbau erneuerbarer Energien zu forcieren, das ist keine Lösung, solange man z. B. Raps und Mais als Monokulturen anbaut und dann in den Tank schüttet, die Böden auspowernd. Wenn in unserer Hunger-Welt Brotgetreide verbrannt wird, wenn der Urwald Ölpalmen weichen muss, werden wiederum Kosten auf die Natur, auf die Bevölkerung anderer Erdteile und unsere Nachkommen abgewälzt.

Aus Liebe zum Leben, zu unserem eigenen Leben und aus Verantwortung für künftige Generationen steht uns nicht nur eine Revolution der Energieversorgung, sondern eine umfassende UMKEHR an.

Nichts weniger als das Experiment Mensch steht zur Debatte. Dass die Apokalypse herstellbar ist, wissen wir seit Hiroshima. Aber sie ist verhinderbar. Noch. Wo sich Bürger allerdings einreden, nichts tun zu können, wird die Gefahr schicksalhaft hingenommen. Nicht überflüssig geworden ist der Imperativ, dass die Welt nicht nur verwaltet, sondern auch verändert werden muss: Unsere einzige Chance bleibt, dass wir fernerhin *vor* Katastrophen lernen, statt immer erst *nach* Katastrophen aufgeschreckt nachdenken.

4

Für die Selbsterkenntnis mag das Wachrufen des Prometheus-Mythos hilfreich sein, der seit 2500 Jahren immer wieder neu gedeutet und variiert wurde. 2011 werden wir uns wieder mehr der Ambivalenz bewusst, die im Feuerbringen und im Umgang mit dem Feuer liegt. Wer Prometheus sagt, muss immer auch Epimetheus und Pandora sagen. Der Titan Prometheus – nach Aischylos der Wohltäter der Menschheit – stiehlt listig dem Obergott Zeus das Feuer, bringt es den Menschen und wird dafür bestraft. Prometheus ist der Vorausdenker. Da hat sein Bruder Epimetheus, der Nachdenker, kaum eine Chance.

Prometheus brachte dem Menschen die Schrift, den Gebrauch der Segel, die Heilkunst, das Nutzen der Schätze im Inneren der Erde und soll auch (nach Ovid) den Menschen aus Ton geschaffen haben.

Frans Masereel verbindet in seinem berühmten Holzschnitt beides: Menschenbildung und Feuergabe, eingefügt in moderne Zivilisation.

In deutscher Tradition ist Prometheus ein genialer Schöpfer, Symbolgestalt des großen Empörers gegen »Gott« und des selbständigen, von keinem Gotte abhängigen schöpferischen Geistes. Er ist der Selbsthelfer schlechthin, niemandem untertan, niemandem zur Dankbarkeit verpflichtet. Alles hat er selbst geschaffen, sein »heilig glühend Herz«. Keine Ehrfurcht vor Gott, keine Ehrfurcht vor dem Leben. Weltveränderung, keine Rücksicht auf Vergangenes, keine vor Zukünftigem. Herrschaft über die Welt, keine demütige Einpassung. Diktatur des Jetzt, keine Langzeitperspektive.

Der altersweise Goethe hat freilich 1808 in seinem Festspiel »Pandora« nicht mehr den Empörer, sondern den materielle Güter rastlos produzierenden, die moralische Reflexion seines Tuns unterlassenden Prometheus auf die Bühne des Nachdenkens gestellt.

Der Zwiespalt zwischen gedankenloser Tätigkeit des Prometheus und dem tatenlosen Denken seines Bruders Epimetheus hat sich inzwischen in die globale Welt-Existenz-Dimension erweitert. Die Plutoniumbüchse der Pandora ist geöffnet, die Utopie der sauberen Energie verstrahlt, und keiner vermag sie mehr zu schließen.

Gefahrenbewusstes Vorausdenken wird nötiger denn je; die Ambivalenz allen menschlichen Tuns, zum Guten wie zum Bösen, zum Lebensfördernden wie zum Lebensgefährdenden, steht vor aller Augen; das ist keine bloße philosophische Denkfigur, sondern ist so unerlässlich wie praxisrelevant für jegliche politische Entscheidung und für jegliches Handeln.

Wenn die eilig einberufene Ethikkommission die diversen Energieproduzenten außen vor lässt und wenn sie neben dem Parlament arbeitet, wird ihr Votum »abgehakt« werden, und sie kommt in die Rolle des praktisch konsequenzenlosen Epimetheus; Prometheus braucht als seinen ständigen, seine zu schnellen Entscheidungen bremsenden, nachdenklichen Begleiter den Bruder Epimetheus – und der bedachtsame Epimetheus braucht den mutig handelnden Prometheus.

Die Aktion braucht Reflexion, der Veränderungswille stetigen Bewahrungsimpuls, das Nutzenkalkül umfassendes Schadensbedenken, die Handlungsfreiheit Zeit und Raum übergreifende Verantwortungsbereitschaft, die Herrschaft die Bereitschaft zur Selbstbeherrschung und zu umfassender Rücksichtnahme, das individuelle Glück das universelle Wohl, die Menschheitsutopie ein menschliches Maß, die wohlige Wohlstandsquantität eine sinnerfüllende Lebensqualität.

5

RESÜMEE: Eine Technologie, die im Havariefall nicht mehr beherrschbar ist und auf Generationen hin tödliche Strahlenrisiken hinterlässt, ist nicht tolerierbar und nicht mehr verantwortbar – ganz abgesehen von der ungelösten »Endlagerung« abgebrannter Brennstäbe (24 000 Jahre!) samt verstrahltem Restmüll.

Japan galt (!) als das Hochtechnologieland schlechthin, und jetzt stehen alle Experten ratlos vor sechs havarierten Atommeilern, versuchen zu verstehen, was im Innern der Reaktoren gerade passiert, schicken todesmutige Arbeiter ganz kurzzeitig in die Anlagen, besprühen aus Hilflosigkeit außer Rand und Band geratene Meiler und Abklingbecken mit Meerwasser, das atomar verseucht ins Meer zurückfließt …

Was bei einer als »sicher und sauber« ausgegebenen Energiequelle als »Restrisiko« verharmlost wird, bedeutet die Inkaufnahme eines lange strahlenden Unglücks für unmittelbar Betroffene *und* krebserregende Verstrahlung von Boden, Wasser und Luft für unabsehbare Distanzen und Zeiträume.

Pandora, dieses »schöne Übel« (kalon kakon), die aus ihrer Büchse so viel Verlockendes zu verteilen hatte, hinterlässt schließlich ein nicht wieder einfangbares Unheil. Lassen wir die Büchse verschlossen.

In der Erklärung der Synode der Evangelischen Kirche der Union in der DDR vom 25.5.1986, an der ich seinerzeit aktiv mitgearbeitet hatte, hieß es:

»Kernkraftwerke wurden von ihren Befürwortern bisher als sicher bezeichnet. Trotzdem ist das als unwahrscheinlich Geltende eingetreten.

Wir stehen ratlos vor den bis heute schwer greifbaren Kurz-und Langzeitwirkungen der Strahlungen. Angst und große Unsicherheit greifen um sich …

Wir sind an Grenzen gestoßen. Wir dürfen nicht mehr alles tun, was wir können, wenn wir dem Auftrag, die uns anvertraute Erde zu bebauen und zu bewahren, gerecht werden wollen.

Wir dürfen die Folgen unseres Tuns nicht übersehen und irreparable Schäden nicht auf künftige Generationen abwälzen.«

Sodann wurden folgende Aufgaben formuliert:

»– Verzicht auf den weiteren Ausbau der Atomenergie und schrittweiser Abbau der vorhandenen Anlagen.

– Konzentration auf die Entwicklung ›sanfter Energien‹.

– Drastische Einschränkung des Energieverbrauchs.

– Änderung unseres gesamten Lebensstils.«

Nach fünfundzwanzig Jahren frage ich mich: Also alles in den Wind geredet? Nichts Neues unter der strahlenden Sonne? Zweifel, dass es zu einem Erkenntnisruck kommt, sind angebracht. Wir dürfen uns jedoch nicht von blanker Wut und lähmender Ohnmacht übermannen lassen. Wenn sich Bürger einreden, nichts tun zu können, ist die Gefahr, dass alles beim Alten bleibt, am größten. Ein Lernen »für Übermorgen« braucht das Lernen »bis Übermorgen« – und beginnt heute praktisch zu wirken, wo es eine Massenbasis findet.

FRIEDRICH SCHORLEMMER, geboren 1944 in Wittenberge/Elbe, Publizist und Theologe. Erhielt 1993 den *Friedenspreis des Deutschen Buchhandels*. Mitherausgeber des *Freitag* und der *Blätter für deutsche und internationale Politik*.

ERNEUERBARE ENERGIEN BRAUCHEN ERNEUERBARE REGIERUNGEN

Du sollst den Kern nicht spalten
Offener Brief an Angela Merkel
von FRANZ ALT

Liebe Angela Merkel,
viele konservative Politiker sagen jetzt, »Japan« sei
schuld am Wahlausgang in Baden-Württemberg. Die
Wahrheit ist, dass längere Laufzeiten für deutsche
AKW nicht in Japan, sondern in Berlin beschlossen
wurden. Realisten haben schon immer mit dem atomaren Restrisiko rechnen müssen, das wir jetzt auf so
grauenvolle Weise erleben.

2004 – Sie waren Oppositionsführerin im Bundestag – diskutierten wir beide über Atomenergie. Wir
stimmten darin überein, dass ein GAU oder Super-
GAU nur selten vorkomme, aber dann das Leben von
Millionen Menschen gefährdet sei. Einen Sechser im
Lotto gibt es auch nur in der Relation 1: 137 Millionen
Mal. Aber es gibt ihn bekanntlich fast in jeder Woche,
weil sich viele beteiligen. Das heißt: Je mehr AKW
laufen, desto sicherer wird ein GAU oder Super-GAU.

Ihr Parteifreund Günther Oettinger hat jetzt gesagt: »Japan war undenkbar.« Dann hat der EU-Kommissar eben nicht genug gedacht! Frank Schirrmacher in der FAZ: »Selbst die sichersten Atomkraftwerke der Welt sind nicht sicher.« Das ist jetzt wohl sicher.

2007 war ich zusammen mit Hermann Scheer – dem Träger des Alternativen Nobelpreises, Vater des Erneuerbare-Energien-Gesetzes und erfolgreichster Solarpolitiker der Welt – bei Ihnen im Kanzleramt. Scheer bat Sie, sich zu engagieren für eine Internationale Agentur für Erneuerbare Energien. Das taten Sie und brachten schon 2009 143 Regierungen dazu, die IRENA (International Renewable Energy Agency) zu gründen. Das ist Ihre große internationale Leistung für die erneuerbaren Energien. Der Sozialdemokrat Hermann Scheer und ich waren beeindruckt von Ihrer Tatkraft für die nachhaltigen Ökoenergien. Dafür werde ich Ihnen immer dankbar sein.

2009 haben Ihnen die Verbände der Erneuerbaren Energien eine Studie überreicht, die aufzeigt, dass Deutschland bis 2020 bereits 47 Prozent seines Stroms ökologisch erzeugen kann. Ihre überraschende Reaktion: »Aus meiner Zeit als Umweltministerin weiß ich, dass Ihre Prognosen nicht nur immer eingetroffen sind, sondern übertroffen wurden.« Selbst Greenpeace und die Grünen haben das schnelle Wachstum der Ökoenergien lange unterschätzt, weil sie nicht an die gesellschaftliche Dynamik neuer zukunftsfähiger Technologien glauben wollten. Die großen Energieversorger überschätzten in derselben Weise ihre fossil-atomaren alten Energieträger. Warum aber haben Sie, liebe Angela Merkel, die Sie es besser wussten, längere Laufzeiten für AKW gewollt?

Warum wurde unter Ihrer und Helmut Kohls Führung die Partei mit dem hohen C so dogmatisch atomgläubig? Ich bin wegen der Atompolitik der CDU 1988 aus der Partei ausgetreten, weil ich als Christ und Humanist das atomare Glücksspiel nach Tschernobyl vor meinem Gewissen nicht mehr verantworten konnte. Tschernobyl wurde mein Damaskus.

Was also jetzt tun? Lassen Sie sich jetzt wieder von Hermann Scheer inspirieren. Er hat uns kurz vor seinem Tod im vergangenen Herbst mit seinem Buch »Der energethische Imperativ – 100 Prozent jetzt – Wie der vollständige Umstieg auf erneuerbare Energien zu realisieren ist« ein kostbares politisches Vermächtnis hinterlassen. Er zeigt darin, dass und wie Deutschland und Europa bis 2030 komplett auf erneuerbare Energien umsteigen können – ganz konkret und praktisch und unwiderlegbar. Die ethische Frage ist spätestens durch Tschernobyl und durch Scheers Buch beantwortet: Atomtechnik ist ein Anschlag auf die Schöpfung. Atomenergie ist keine Brücke ins Zeitalter der Erneuerbaren, sondern eine Barriere. Schon heute müssen an manchen Tagen Windräder und Solaranlagen abgeschaltet werden, weil die Netze den vielen Strom nicht mehr aufnehmen können.

Der Philosoph Günther Anders hat schon am Beginn des Atomzeitalters gesagt: »Was alle treffen kann, betrifft alle.« Unser Problem ist, dass wir uns oft nicht mehr vorstellen, was wir mit heutigen Großtechnologien anstellen. Millionen Menschen sehen jedoch die Atomenergie jetzt als das, was sie schon immer war: als schöpfungswidrig. Nach Harrisburg, Tschernobyl und Fukushima müssen wir ein 11. Gebot lernen: Du sollst den Kern nicht spalten! Die politische und die wissenschaftliche Klasse dürfen nicht länger glauben, dass wir jede Großtechnologie fest im Griff haben. Im Zweifel hat diese uns im Griff. Die alten religiösen Fragen bekommen im Atomzeitalter eine ganz neue Dimension. Religiös sein heißt heute, die Heiligkeit des Lebens und der Schöpfungsordnung achten. Die Erhaltung des Lebens ist eine urkonservative Aufgabe, nachdem wir am Abgrund der selbst gebastelten atomaren Hölle ratlos und hilflos angelangt sind, wie uns die Fernsehbilder aus Japan seit Wochen beweisen. Wann haben wir ausgerechnet »Experten« so inkompetent und so hilflos gesehen wie in diesen Tagen! Die Angst von Millionen Menschen zeigt aber, dass unsere Instinkte gegenüber realen Gefahren noch funktionieren. Angst vor der Atomgefahr ist keine Feigheit, sondern funktionierender Überlebensinstinkt, der auch in Wahlen zum Ausdruck kommt.

Machbarkeit ist kein Gott, sondern ein Götze! Atomtechnik, Schnelle Brüter, Wiederaufarbeitungsanlagen sind keine »Spitzentechnologien«, sondern Todesfallen. Jedes außer Kontrolle geratene AKW ist eine potenzielle Atombombe. Plutonium ist in *jeder* Dosis schädlich. Es hat eine physikalische Halbwertszeit von 24 000 Jahren. Dagegen ist die Halbwertszeit des menschlichen Gedächtnisses sehr kurz. Wie soll solche »Spitzentechnologie« je verantwortbar sein? Dieser Machbarkeitswahn ist schlicht Größenwahn! Christlich gesprochen: eine Gotteslästerung!

Mit dem Chef der Aufräumarbeiten in Tschernobyl, dem Atomphysiker Professor Wladimir Tschernousenko, war ich befreundet. Er war über Jahrzehnte ein glühender Anhänger der Atomenergie. Der Super-GAU aber hat auch ihn verstrahlt und zum Atomgegner werden lassen. In einem Fernsehinterview habe ich ihn gefragt, wie sicher die deutschen AKW seien. Er hatte sie alle besucht. Seine Antwort: »Sie sind sicherer als die russischen. Das aber heißt, dass sie etwas später explodieren werden.« Wir könnten wissen, dass es nie sichere AKW gab, nicht gibt und niemals geben wird.

AKW sind auch keine Antwort auf den Klimawandel. Man kann ein Problem nicht dadurch lösen, dass man ein anderes schafft. Der strahlende Atommüll belastet tausend Generationen nach uns.

Die erneuerbaren Energien sind weitgehend ungefährlich, bei massenhafter Produktion der Technik auch preiswert und den Stoff gibt es umsonst. Sonne, Wind und Wasser schicken keine Rechnung. Diese umweltfreundlichen Rohstoffe stehen für alle Zeit zur Verfügung. Eine Solaranlage ist in drei Tagen, ein Windrad in drei Wochen und eine Biogasanlage in drei Monaten errichtet. Worauf warten wir denn noch? Millionen Dächer stehen allein in Deutschland noch immer umsonst in der Gegend herum. Und wir holen teures Öl aus Arabien, Gas aus Sibirien und Uran aus

Australien für jährlich etwa achtzig Milliarden Euro hierher. Moderne Energieversorgung kann wesentlich intelligenter, preiswerter und umweltfreundlicher mit heimischer Energie organisiert werden. Allein die Sonne schickt uns theoretisch 15 000-mal mehr Energie auf diese Erde als alle Menschen zurzeit verbrauchen. Der Wind 308-mal mehr und die Wellen- und Strömungsenergie 76-mal mehr. Hinzu kommen die Wasserkraft, die Bioenergie und die Geothermie. Es fehlt nicht an erneuerbarer Energie, aber die Zeit wird im Angesicht des Klimawandels immer knapper.

Die Deutschen haben nach dem Zweiten Weltkrieg innerhalb von etwa zehn Jahren das von der ganzen Welt bestaunte Wirtschaftswunder geschafft. Und innerhalb von zwanzig Jahren soll heute der Umstieg auf hundert Prozent Erneuerbare nicht möglich sein? Diese Behauptung ist eine Beleidigung jedes deutschen Ingenieurs. Deutsche Techniker sind bereits Technologieführer bei Sonnenenergie, Windkraft und Biogasanlagen.

Richtig ist, dass wir noch Netze, Speicher und Leitungen brauchen. Das schafft Arbeit und Arbeitsplätze in Zukunftstechnologien. Pumpspeicher-Kraftwerke, Druckluftspeicher-Kraftwerke, Kombi-Kraftwerke mit Biogasanlagen, Windrädern und Solaranlagen, solar erzeugter Wasserstoff, die Kombination von Wasserkraft und Windparks, aber auch Zehntausende Elektroautos, die miteinander vernetzt sind und Kraft-Wärme-Kopplung – so heißen die Speichertechnologien von morgen. An vielen Orten wird an effizienteren Batterien geforscht. Und Bioenergie, Wasserkraft, Wellenenergie und Erdwärme sind von Natur aus gespeichert und speicherbar. Schon 2012, sagt Deutschlands größter Solarkonzern Solarworld, ist Solarstrom in jedem Keller über eine Batterie speicherbar. Die Lösungen sind bekannt. Wir können heute ein ökologisches Wirtschaftswunder mit Millionen neuen, zukunftsfähigen Arbeitsplätzen organisieren. Die Probleme einer dauerhaften fossil-atomaren Energieversorgung sind hingegen grundsätzlich nicht lösbar. Schon deshalb, weil die alten Rohstoffe allesamt zu Ende gehen.

Eine dezentrale Energiestruktur, getragen von vielen neuen Stadtwerken, Millionen Hausbesitzern, Hunderttausenden Mittelständlern, Handwerkern und Bauern braucht weniger Leitungen als die heutigen zentralen Strukturen. Windräder auch im Süden sind preiswerter als lange Leitungen für Windstrom von Nord nach Süd. Wir müssen im Süden nur zwanzig Meter höher mit den Windmühlen und haben dann Windverhältnisse wie an der Küste. Gestalten Sie, Frau Merkel, die Energiewende nach dem Subsidiaritätsprinzip der katholischen Soziallehre, also von unten nach oben. Dies wäre beste CDU-Tradition.

Bis 2017, so hat das Bundesumweltamt ausgerechnet, können in Deutschland alle AKW abgeschaltet werden. Das Motto Ihrer ersten Regierungserklärung, liebe Angela Merkel, hieß: »Mehr Freiheit wagen«. Also machen Sie jetzt eine Energiepolitik nach dem schönen Motto« Bürger – zur Sonne, zur Freiheit«.

Erneuerbare Energien brauchen allerdings erneuerbare Regierungen.

Der Tod ist ein Meister aus Deutschland. Die Kernspaltung wurde hierzulande entdeckt. Von einer Frau (Lise Meitner), einer Physikerin, in Berlin! Leider waren Sie im letzten halben Jahr Atomkanzlerin. Aber jetzt haben Sie die wohl einmalige Chance, zur Solarkanzlerin zu werden. Eine Frau, eine Physikerin, in Berlin! Das ist *die* Chance Ihrer jetzigen Krise.

Sonnige Grüße Ihr Franz Alt | www.franzalt.de

FRANZ ALT, geboren 1938, Journalist und Publizist, setzt sich seit langem für die Nutzung von alternativen Energien, für Frieden und Menschenrechte ein. Ausgezeichnet u. a. mit dem *Adolf-Grimme-Preis*, dem *Umweltpreis der Deutschen Wirtschaft* sowie dem *Deutschen und Europäischen Solarpreis*.

DIE GRINSEKANZLERIN

von JAKOB AUGSTEIN

Angela Merkel genießt bei Freund und Feind den Ruf überragender Intelligenz und ausgeprägten politischen Gespürs. Wieso eigentlich? In den gewichtigen politischen Angelegenheiten der jüngeren Zeit war davon wenig zu spüren. Im zweiten Jahr der schwarz-gelben Regierung deutet alles darauf hin, dass die politische Laufbahn Angela Merkels ihren Höhepunkt überschritten hat. Das Ende rückt in Sichtweite. Im Jahr 2012 ist Merkel sieben Jahre im Amt. Das ist eine magische Zahl, nicht nur im Märchen. Es gibt nur drei Bundeskanzler die länger durchgehalten haben.

Merkel hat Fehler gemacht. Und bei dem Versuch, die Folgen ihrer Fehler einzufangen, hat sie noch mehr Fehler gemacht. Ihr politisches Gespür hat sie verlassen. In der Affäre um den früheren Verteidigungsminister Karl Theodor zu Guttenberg hat sie unterschätzt, wie sehr ihre Wähler akademische Integrität schätzen. Und als sie im Herbst 2010 den Ausstieg aus dem Ausstieg der Kernkraft durchsetzte, war ihr die quasireligiöse Dimension, die die Atompolitik für das westdeutsche Publikum hat, vollkommen entgangen.

Es war falsch, die Laufzeitverlängerung ohne gesellschaftliche Debatte durchzusetzen. Es war unglaubwürdig, nach Fukushima den Ausstieg aus dem Ausstieg aus dem Ausstieg zu verkünden. Es war leichtfertig von ihrer Regierung, die rechtlichen Probleme, die das mit sich brachte, mit der Bemerkung vom Tisch zu wischen, dies sei nicht die Zeit für »juristische Spitzfindigkeiten«. Und es war ein Zeichen der Hilflosigkeit, die verpasste Atomdebatte nun mit der Einrichtung eines Ethikrates nachholen zu wollen. Zu spät.

Merkel hatte den schwachen Start ihrer Regierung und die Niederlage bei den Landtagswahlen in Nordrhein-Westfalen mit dem »Herbst der Entscheidungen« wettmachen wollen. Das war eine Art künstlicher Erotisierung des politischen Prozesses, die überhaupt nur deswegen notwendig schien, weil Merkels Regierung bis dahin vor allem durch ziellosen Streit auffiel war. Merkel erklärte damals die deutschen Meiler für sicher, die alten und die neuen. Es ging dabei um Leib und Leben der Menschen und um die Versorgung mit Energie. Das sind keine Kleinigkeiten. Es steht buchstäblich die Zukunft des Landes auf dem Spiel.

Man hätte als Bürger schon gern, dass solche Fragen nach bestem Wissen und Gewissen entschieden werden, nach gründlicher Prüfung – und nicht nach kurzfristiger politischer Opportunität. Man hätte als Bürger gern, dass die politische Führung Verantwortung für ihre Entscheidungen übernimmt und trägt.

Tat sie aber nicht. Als in Japan das Atomkraftwerk explodierte, änderte sich an der technischen Sicherheit der Anlagen in Biblis oder in Philippsburg, in Neckarwestheim oder an der Isar dadurch gar nichts. Nur an der Bereitschaft der Deutschen, mit dem unvermeidlichen Restrisiko zu leben. Merkel hätte der Bevölkerung reinen Wein einschenken müssen. Sie hätte sagen müssen, dass die Rücknahme des von Rot-Grün unter Mühen ausgehandelten Atom-Ausstiegs ein Fehler war. Dazu war sie nicht bereit, und das kostete sie ihre Glaubwürdigkeit.

Eine Katastrophe ist das unerwartete Zusammentreffen unerwarteter Umstände. Die Katastrophe ist *per definitionem* nicht planbar. Es bleibt ein Restrisiko. Im Fall der Atomkraft ist das nicht akzeptabel, darum ist die Atomkraft nicht akzeptabel. Es galt immer schon, dass eine kleine Wahrscheinlichkeit, multipliziert mit unendlichen Schäden ein ethisches Nullum ergibt, etwas, das von keinem Menschen zu verantworten ist, eine untragbare Verantwortung. Die Politik hat sich darüber hinweggesetzt, weil billige Energie hohen Lebensstandard bedeutet. Die Nutzung der Atomkraft ist ein fortgesetzter Bruch der Vernunft. Das alles kann man, wenn man will, seit 1954 wissen, als in der Nähe von Moskau das erste Kernkraftwerk ans Netz ging.

Angela Merkel war auch nach Japan keineswegs von den Gefahren der Atomkraft beeindruckt, sondern von der Gefahr des Machtverlusts. Die Schnelligkeit, mit der sie (ab)geschaltet hat, war atemberaubend. Die frühere britische Premierministerin Margaret Thatcher hat über sich selbst einmal gesagt: »This lady is not for turning«, Kehrtwendungen seien von ihr nicht zu erwarten. Man hat sie darum die »Iron Lady« genannt. Das wird Merkel nicht passieren. Diese Kanzlerin ist nicht aus Eisen, sondern aus Pudding. Allein, es half nichts: Im konservativen Stammland Baden-Württemberg, wo der Mercedes und der lilafarbene Zweireiher erfunden wurden, musste ihre Partei eine krachende Niederlage hinnehmen.

Merkels Stärke war vor allem immer die Schwäche ihrer Gegner. Nachdem keine mehr übrig sind, in der eigenen Partei nicht, aber auch in der bundespolitischen Opposition, ist nur noch sie selber als ihr Gegner übriggeblieben. Als sie Kanzlerin wurde, war sie eine Revolutionärin: die erste Frau an der Spitze des deutschen Staates und noch dazu die erste aus Ostdeutschland. Sie war nie eine begnadete Rednerin. Aber eine Kämpferin war sie schon. Wenn sie als Oppositionsführerin dem Bundeskanzler Schröder entgegenwarf: »Zukunft, Herr Bundeskanzler? Fehlanzeige. Irgendeine Idee für die nächsten zwei Jahre? Völlige Fehlanzeige. Das Problem dieses Landes ist, dass es unter Wert regiert wird«, dann war das nicht brillant, aber kraftvoll. Heute redet sie zu ihrem Wahlvolk wie die Diensthabende in einem Heim für betreutes Wohnen, die den Insassen das Wochenendprogramm verkündet.

Es gibt manchmal Momente, in denen der Schleier des Nichtwissens gelüftet wird, der die Wahrheit des politischen Betriebes gnädig vor unseren Augen verbirgt. In der Guttenberg-Affäre gab es so einen Moment. Als Merkel sagte, Guttenberg sei bei ihr nicht als wissenschaftlicher Mitarbeiter beschäftigt, sondern als Verteidigungsminister, war das so ein Moment: Der kühle Zynismus der Machtphysikerin Merkel wurde in dieser unbedachten Formulierung enthüllt. Ob Guttenberg ein Lügner und ein Betrüger sei oder nicht, hatte Merkel damit gesagt, spiele für sie keine Rolle. Hauptsache, er sei ein guter Minister. Die Deutschen sind von ihren Politikern einiges gewohnt. Aber das war dann doch zu viel.

Ob Guttenberg zurückgetreten wäre oder nicht – als klar war, dass er große Teile seiner Doktorarbeit abgeschrieben hatte, war auch klar, dass sein Verbleib im Amt die politische Kultur des Landes beschädigen würde. Angela Merkel war das egal. Nach allem, was man über diese Kanzlerin weiß, dient ihr politisches Wirken nur einem Ziel: Kanzlerin zu sein. Die politische Kultur ist ihr dabei schnurz.

Merkel hat ihr Amt von Anfang an nach der guten alten spinozistischen Lehre geführt, dass jede Bestimmtheit eine Verneinung ist, jede Eigenschaft die Abwesenheit einer anderen Eigenschaft bedeutet. Und es darum am besten ist, keine Eigenschaft zu haben und unbestimmt zu bleiben. Es gab bislang keinen einigermaßen wichtigen deutschen Politiker, bei dem der Erhalt der Macht wirklich und im Ernst der einzige Seinszweck war. Strauß, Kohl, Brandt, Schmidt, Schröder, Fischer: die hatten alle irgendwelche Projekte, Visionen, Hoffnungen. Sie erstrebten irgendetwas oder sie bekämpften irgendetwas. Angela Merkel – ist. Mehr nicht.

Sie bekämpft niemanden, weil man sich damit nur noch mehr Feinde schafft. Sie will nichts, weil jedes Wollen auch Verzicht bedeutet. Sie hat keine Visionen, weil Visionen verlangen, den Blick zu verengen.

Das macht die politische Auseinandersetzung mit ihr so schwer. Die SPD hat das im vergangenen Jahr erlebt. Asymmetrische Demobilisierung hat ein Polit-Forscher Merkels Wahlkampfstrategie damals genannt: Es geht dabei darum, dass möglichst wenig Leute zur Wahl gehen – aber von der gegnerischen Seite noch weniger. Man saugt der Politik das Leben aus, und sie bleibt schlaff und tot und leer am Boden liegen. Aber man hat gewonnen. Das ist der reine Zynismus in Politform, der Kältepunkt der Politik. Die Demokratie erfriert dabei. Die Liebe, die so viele Menschen Guttenberg entgegengebracht haben – man muss das tatsächlich so nennen –, ist ein Zeichen für die Sehnsucht dieser Öffentlichkeit, in der politischen Sphäre geborgen zu sein. Aber Guttenberg war ein Heiratsschwindler der Politik, seine Hände waren leer. Und Merkel kann mit Geborgenheit nicht dienen. Wie die Cheshire Cat aus *Alice im Wunderland* löst sich die Kanzlerin in Luft auf, wenn man sie greifen will. Und es bleibt nur ihr spöttisches Grinsen zurück. Das ist nicht viel.

Was war das Projekt ihrer Kanzlerschaft? Warum hat sie dieses Amt angestrebt? Die Antwort auf die erste Frage fällt leicht: Nichts. Die Antwort auf die zweite Frage dagegen um so schwerer. Müntefering hat über Merkel mal gesagt: »Da ist kein Kern. Und sie hat keinen Gesellschaftsentwurf, keine Vorstellung davon, wohin das Land gehen soll. Sie hat letztlich keine Vorstellung davon, was unseren demokratischen und sozialen Bundesstaat in Zukunft ausmachen soll. Da ist kein Herzblut, keine Begeisterung, keine Vision.«

Sowohl die CDU als auch die Bundesrepublik haben einen hohen Preis gezahlt, damit Angela Merkel Kanzlerin sein darf: Den Preis des Verlusts der eigenen Identität die Partei, den Preis der Entpolitisierung das Land. Man konnte am Ende geradezu Mitleid mit den deutschen Restkonservativen haben, die hilflos zusehen mussten, wie Merkel ein Ankertau konservativer Identität nach dem anderen kappte und das Parteischiff – um mal im Bild zu bleiben – ganz in den reißenden Strom der öffentlichen Meinung steuerte. Aber Stimmungen, das hat die CDU exemplarisch erfahren, sind wie ein unsteter Fluss, der nicht friedlich in seinem Bett bleibt, sondern sich immer aufs Neue seinen Lauf sucht. Es ist schwer, da Halt zu finden. Mit ihren immer neuen Volten macht sie weniger dem politischen Gegner das Leben schwer als vielmehr ihren politischen Freunden. Und die Wähler? Sie verfolgen staunend und kopfschüttelnd Merkels Versuch, nicht nur als erste Frau und Ostdeutsche in die Geschichte einzugehen, sondern auch als erste rot-grün-gelb-schwarze Vielfarbkanzlerin. So war das mit der Bunten Republik Deutschland nicht gemeint.

JAKOB AUGSTEIN wurde 1967 in Hamburg geboren. Nach seinem Studium in Berlin und Paris arbeitete Augstein u. a. für die *Süddeutsche Zeitung* und *Die Zeit*.

Seit 2008 verlegt er die Wochenzeitung *Der Freitag* und schreibt regelmäßig für den *Spiegel*.

AUF INS ÖKO-UTOPIA!

Warum wir Politiker brauchen, die Fortschrittsgeist verbreiten – die wissen, was sie wollen, und deshalb nicht vor den Lobbys in die Knie gehen.

von ROBERT MISIK

Lobbys bestimmen die Politik – auch wenn das nur selten derart frappierend ins Auge springt wie im vergangenen Jahr, als Angela Merkel ihren Kotau vor der Atomlobby machte. Die Stromkonzerne sind »eine der Branchen, die am stärksten mit der Politik verflochten sind. Und zwar von der Spitzenpolitik bis hinunter in die regionale Ebene«, formulierte damals Heidi Klein von der NGO »LobbyControl«. Merkel und die Atomlobby. George W. Bush und sein Vize Richard Cheney mit ihren vielfältigen Banden zum kollabierten Energieriesen Enron. Und dann die vielen Ex-Politiker, die als Türöffner und berufsmäßige Antichambrierer zu Energiekonzernen wechseln – Schröder, Fischer, Österreichs Ex-Bundeskanzler Wolfgang Schüssel, der bei RWE im Aufsichtsrat sitzt, obwohl er, besonders dreist, daheim in Wien noch immer ein Nationalratsmandat ausübt.

Aber nehmen wir für einen Augenblick an, diese ostentativen Verbandelungen zwischen Politik und Energiewirtschaft hätten keine besonderen Wirkungen, nehmen wir also an, die Politiker erbrächten für diese Konzerne keine besonderen Dienste, die sie sich nicht auch auf andere Weise beschaffen könnten; ja, ich nehme fast an, dass das so ist; denn diese Konzerne sind mächtig genug; wenn sie Politiker schmieren und kaufen, haben sie davon vielleicht den einen oder anderen Vorteil, aber eigentlich berührt das den Kern des Problems nicht. Der Kern des Problems ist nämlich: Mächtige Konzerne können ein Heer an Lobbyisten unterhalten, die auf allen Ebenen Einfluss auf Gesetzgebung, Umweltverordnungen und Genehmigungsverfahren nehmen.

Einen solchen Einfluss haben freilich nur Unternehmen und Branchen, die bereits mächtig *sind*. Die also, logischerweise, seit vielen Jahrzehnten ihre Unternehmensmacht aufgebaut haben. Im Fall der Energiewirtschaft sind das Unternehmen, die seit den fünfziger Jahren im Gas-, Öl-, AKW-, Kohle-Geschäft sind und mit Technologien, die heute veraltet oder zumindest fragwürdig sind, ihre Marktmacht erlangt haben. Überspitzt formuliert: Die Unternehmen sind von *gestern*, aber dies gibt ihnen *heute* eine Marktmacht, die es ihnen erlaubt, ihr Feld *heute und morgen* zu verteidigen – und damit ganz offensichtlich auch gegen Branchen, die heute auf der Höhe der Zeit sind, aber in machttechnischer Hinsicht den großen Platzhirschen unterlegen sein müssen, weil sie eben *noch nicht* eine solche Macht akkumuliert haben. Das ist schon allein deshalb paradox, weil sich ja die großen Stromkonzerne nicht »am Markt« durchgesetzt haben, sondern Produkt staatlicher Investitionsstrategien der fünfziger Jahre sind – sie haben also ihre Macht, weil der Staat das einmal so gewollt hat, und sie setzen diese Macht heute ein, um dafür zu sorgen, dass der Staat will, was sie wollen.

Mit einem Wort: Die Lobbymacht solcher Branchen hat einen negativen Einfluss, selbst dann, wenn sie nicht auf direkt korrupte Weise ausgeübt wird. Einfach weil die Macht einflussreicher Lobbys in der Vergangenheit gründet, während potentielle zukünftige Player aus leicht nachvollziehbaren Gründen noch keine Lobbymacht haben, ist Lobbyismus systemisch notwendig eine Kraft des Status quo, die bestehende Arrangements gegen Veränderungen abzusichern sucht.

Deshalb sind auch einige der Argumente, die etwa die Vertreter von Lobbyfirmen gelegentlich zu ihren Gunsten vorbringen, nicht wirklich überzeugend: Eines dieser Argumente lautet ja, Lobbys seien eigentlich eine gute Sache, sofern alles ausreichend transparent geschehe. Wenn Lobbyfirmen im Auftrag einer Interessenvereinigung, eines Konzerns oder einer Branche Einfluss geltend zu machen versuchen, würden sie den Entscheidungsträgern im Parlament, in Ministerien und Verwaltung ja Wissen zur Verfügung stellen, das diese Institutionen sonst nicht hätten. In dieser Idealwelt wären eben alle betroffenen Gruppen und Interessenverbände an der Lobbyarbeit beteiligt, und in der Summe all dieser versuchten Einflussnahmen seien die

Entscheidungsträger am Ende von allen Seiten informiert und könnten auf Basis vollständiger Information ihre unabhängigen Entscheidungen treffen.

In der wirklichen Welt sieht es natürlich ein bisschen anders aus. In der wirklichen Welt gibt es Gruppen, die finanzstark sind, denen es nicht um die beste Entscheidung im Sinne einer gemeinwohlorientierten Nützlichkeit geht und die mit ihren Lobbyisten in Garnisonsstärke die vereinzelten Kämpfer der Gegenseiten, der Konkurrenz oder von NGOs, spielend an die Wand drängen.

Und noch eines ist schnell einsichtig: Natürlich entscheiden keineswegs »die Märkte«. Das gegenwärtige technologische und ökonomische Arrangement in der Energiewirtschaft ist politisch produziert, und deshalb wird auch die nötige Energiewende nicht durch reine ökonomische Marktkräfte allein geschafft werden.

Der Klimawandel gefährdet die Biosphäre, und wir wissen nicht, ob nicht weite Teile unseres Planeten unbewohnbar werden, wenn wir so weitermachen. Das Bevölkerungswachstum führt dazu, dass Nahrungsmittel knapp werden und Wasser eine umkämpfte Ressource. Die Energiegewinnung aus fossilen Brennstoffen wie Öl und Kohle verpestet unsere Luft, diese Ressourcen sind außerdem endlich. Die Atomenergie hat sich nach Fukushima einmal mehr als Sackgasse erwiesen, die lebensgefährlich für Hunderttausende Menschen ist, deren Risiken nicht beherrschbar sind und die noch dazu, kalkuliert man alle externalisierten Kosten ein, auch völlig unrentabel ist. Gleichzeitig haben wir die tiefste Wirtschaftskrise seit achtzig Jahren, und der ökonomische Totalkollaps konnte nur durch einen bedrohlichen Anstieg der Staatsschulden abgewendet werden. In den vergangenen dreißig Jahren wurden die westlichen Industriestaaten zunehmend ungerechter, das heißt, die Ungleichheitsschere ist aufgegangen, und viele Menschen blicken mit Angst in eine Zukunft, die ihnen nicht – wie vorherigen Generationen – ein Mehr an Wohlstand und Lebensqualität verspricht, sondern eine Zunahme von sozialem Stress und gefährdeter Wohlfahrt.

Ich will nicht behaupten, dass all diese Probleme zusammenhängen (das tun sie sicherlich insofern, als in komplexen Gesellschaften alles mit allem zusammenhängt), aber ihre Lösung hängt zusammen, ihre Lösung kann nur ein integriertes politisches Programm sein, und dafür braucht es, kurzum: Politiker, die mit Elan, Engagement und der Fähigkeit, andere zu begeistern, sich ambitionierte Ziele setzen. Oder simpel gesagt: Politiker, die sich nicht zum Spielball von Lobbyinteressen machen.

»Um all diesen Problemen effektiv beizukommen – und um ihnen gleichzeitig beizukommen –, bedarf es einer Strategie, die heute als Schimpfwort gebraucht wird: ›Planung‹«, schreibt der Ökonom John K. Galbraith. Nur haben wir leider von der neoliberalen Ära einen »Diskurs geerbt, in dem Syphilis, Lepra und Planung ungefähr den gleichen Stellenwert einnehmen«. Aber der Staat muss planvoll steuern – die Regierungen müssen Ziele formulieren und einen Fahrplan vorgeben, wie man sie erreichen kann. Denn wir müssen in einen ökologischen Umbau investieren, der die Umwelt schont, Energie spart, und in neue Technologien, ohne die wir unseren Lebensstil nicht halten können. Für eine solche Investitionspolitik, die Arbeit schafft und ökologisch umsteuert, gibt es einen Namen: »Green New Deal«.

Green New Deal heißt, die Investitionen in nützliche Sektoren umzuleiten. Wärmedämmung, Solarenergie, Windenergie, intelligente Stromnetze. Energieeffizienz. Autos, die weniger Dreck in die Luft schleudern und weniger Benzin fressen. Schnellere Bahnverbindungen, die Fliegen in Europa unnötig machen. Das ist kein Luxusprogramm, sondern auch sozial notwendig. Hohe Energiepreise belasten die sozial Schwachen besonders stark, Nahrungsmittelknappheit trifft die Hungernden existentiell, die globale Erwärmung würde auch bei uns die Landwirtschaft in Mitleidenschaft ziehen und in der Folge die Konsumenten treffen. Wenn die Autos weniger Sprit verbrauchen, hat jeder mehr Geld in der Tasche. Und wenn wir weniger Öl verbrauchen, produzieren wir billiger. Und wir würden zudem noch unabhängiger von Rohstofflieferanten – also von Ländern, die oft autoritär oder von Diktatoren regiert werden.

»Wir können Gebäude mit dichteren Fenstern ausstatten und mit einer besseren Wärmedämmung versehen. Wir können Stahl mit weit weniger Eisenerz und weit weniger Wärme herstellen. Wir können Häuser bauen, deren Innentemperatur sich sehr viel effizienter auf dem gewünschten Niveau halten lässt. Wir können mehr Nahrungsmittel pro Hektar Fläche anbauen. Und für all das brauchen wir Wissen«, schreibt der amerikanische Star-Kolumnist Thomas L. Friedman in seinem Buch »Was zu tun ist«. Die Energieversorgung muss intelligent und umweltschonend funktionieren und der Energieverbrauch effizient sein. Heute ist das noch sehr antiquiert organisiert, richtiggehend dumm. Die Energieproduzenten stellen Strom in Kraftwerken her, die oft die Umwelt verpesten, und speisen den Strom ins Netzwerk ein. Die Bürger nehmen sich den Strom aus der Steckdose und wissen letztendlich nicht, woher er kommt und was er kostet. Dabei gäbe es viele Möglichkeiten, Strom umweltverträglicher zu produzieren – durch Windenergie, Wasserkraft, große Solarenergiefelder in der Wüste, Solarzellen am Hausdach usw. Und auch der Energieverbrauch ließe sich viel effizienter organisieren, wenn die Stromleitungen modernisiert würden, so dass sie viel weniger Transportverluste produzieren und so intelligent wie das Internet funktionieren würden und jeder in seinem Haus so etwas wie eine »Energie-Smart-Box« installieren könnte. Ein bisschen im Stile der utopischen Literatur beschreibt Friedman, wie das im Jahr 2020 funktionieren könnte.

Die Smartbox »ist ein schwarzer Kasten von der Größe eines Mikrowellenherds, der im Erdgeschoß angebracht ist und die integrierte Steuerung und wechselseitige Abstimmung aller Elektro-, Kommunikations- und Unterhaltungsgeräte wie auch der zugehörigen Dienste übernimmt. Dazu gehören: die Einstellung der Zimmertemperaturen und anderer veränderbarer Größen, die Beleuchtung, die Alarmanlage, Telefon, Computer und Internetverbindung, sämtliche elektrischen Geräte, alle Geräte aus dem Bereich der Unterhaltungselektronik und auch das Elektroauto mit Hybridantrieb sowie dessen Batterien.« Der Strompreis ändert sich täglich von Minute zu Minute, je nach Nachfrage beträgt der Höchstpreis bis zum Zehnfachen des Tiefstpreises, wie Friedman aufzeigt.

Intelligente Stromnetze können die Stromrechnung minimieren und für eine effiziente Nutzung der Energie sorgen – etwa indem die Steuerung im Haus so programmiert wird, dass sich manche Geräte nur in der Nacht aufladen, wenn die Nachfrage nach Energie ohnehin gering ist. Ein solches »Energie-Internet« ist ebenso möglich wie Autos, die nur einen Liter Benzin auf hundert Kilometer verbrauchen. Auch aus Gras und städtischem Abfall kann Biodiesel hergestellt werden – so wie heute schon aus Mais. Nur sind Gras und Müll viel nachhaltiger, weil beides erstens ohnehin anfällt und heute unproduktiv vernichtet wird und zweitens niemandem fehlt, im Unterschied zum Mais, dessen extensiver Anbau für die Energieversorgung zum Nahrungsmittelmangel für die Ärmsten der Welt beiträgt. »Analysten des Oak Ridge National Laboratory haben berechnet, dass die Vereinigten Staaten auf diese Weise genug Biomasse herstellen könnten, um ein Drittel des gesamten Ölverbrauchs zu decken«, schreibt John Podesta, der Bill Clinton als Stabschef und Barack Obama als Übergangs-Stabschef gedient hat und nun dem »Center for American Progress« vorsteht. Neuerdings sind die Forscher von einer Idee speziell elektrisiert – von der Möglichkeit, Treibstoff aus Algen herzustellen. Deren Anbaugebiete wären praktisch unendlich – die Ozeane. Laut Berechnungen des deutschen Umweltministeriums könnten bereits im Jahr 2020 78,3 Prozent des deutschen Strombedarfs durch erneuerbare Energien gedeckt werden. Erst jüngst eröffnete der Wirtschaftsminister einen Windpark in der Nordsee, der 50 000 Haushalten Energie liefert. Ein Konsortium verschiedener Stromkonzerne hatte ihn mit staatlicher Unterstützung errichtet.

Es braucht also: Effiziente Stromnetze, ganz neue Leitungen, Windparks mit vielen hunderttausend Windrädern, Wasserkraftwerke, Speicherkraftwerke, intelligente Tools zum Stromsparen in jedem Haushalt, Solarkraftwerke von vielen Hunderten Quadratkilometern, womöglich in der Wüste, und damit ein integriertes Stromnetz, das von der Sahara bis nahe an den Polarkreis reicht – denn Sonnenenergie gewinnt man am besten in Afrika, Speicherkraftwerke lassen sich dagegen am besten an der norwegischen Steilküste errichten. All das wird nicht »der Markt« regeln, weder geniale Tüftler in irgendwelchen Startups noch große Energiemultis werden das erledigen. Dafür braucht es den konzentrierten Willen ganzer Gesellschaften.

Es gibt in unseren öffentlichen Debatten die Tendenz, sobald die Rede auf die Energieversorgung kommt, vom politischen oder ökonomischen »Debattenmodus« auf den technologischen »Debattenmodus« umzuschalten: So als ginge es bei der Frage, wie ein effizientes und nachhaltiges Energiesystem der Zukunft aussehen könnte, nur um Technologie. Dann wird gelegentlich auch ein Techno-Utopismus evoziert, als ginge es bei all dem nicht um Politik, um Macht und um Ökonomie. Aber das ist eine Falle.

Natürlich sind das technologisch spannende Fragen: Ist eine nachhaltige Energieversorgung möglich, ohne dass wir unseren Lebensstandard drastisch einschränken müssen? Muss aus jedem Haus ein kleines Kraftwerk werden? Können und sollen Ingenieure gigantische Speicherkraftwerke bauen? Wird in fünfzig Jahren jede Wohneinheit wie ein kleines Raumschiff Enterprise aussehen?

Aber all das wird nicht oder nur viel zu langsam gehen, wenn sich nicht Politiker dafür stark machen. Wenn sie sich nicht mit aller Kraft dafür einsetzen, die Macht der Lobbys zu brechen. Wenn sie nicht versuchen, die Bürger mit einem Fortschrittsoptimismus anzustecken, indem sie das Bild einer Gesellschaft malen, die es in mittlerer Sicht von zwanzig, fünfundzwanzig Jahren zu bauen gilt: In der das Energiesystem auf neuen Beinen steht, in der es sich besser lebt als heute, die auch die ökonomischen Probleme angeht und in der es Gerechtigkeit gibt.

Denn eines ist auch klar: Bei all dem handelt es sich um ein gigantisches ökonomisches Investitionsprogramm, das nicht von Firmen allein geschultert werden kann. Dafür sind massive staatliche Investitionen notwendig. Das soll uns durchaus nicht erschrecken: Investitionsprogramme sind Konjunkturprogramme und können die Wirtschaft auf einen stabilen Prosperitätspfad zurückführen – sie machen uns alle reicher. Sie lenken materielle Ressourcen in gesellschaftlich nützliche Sektoren. Aber es ist auch eine gesellschaftliche Anstrengung, die nicht durch die Steuerleistungen der einfachen Bürger und kleinen Leute allein finanziert werden kann. Ohne mehr soziale Gerechtigkeit wird ein solches Programm auf schwankenden Füßen stehen: Erstens aus finanziellen Gründen, weil einfach das Geld fehlt, wenn sich die großen Vermögen, wie in den vergangenen zwanzig Jahren geschehen, aus ihrer Verantwortung für das Gemeinwohl stehlen. Aber zweitens und vor allem, weil große gesellschaftliche Anstrengungen nur gelingen, wenn sie ein hohes Maß an Legitimität haben, wenn sie von allen getragen werden und alle das Gefühl haben, dass jeder in fairer Weise zu ihnen beiträgt.

Aus all diesen Gründen ist die Energiewende nicht allein eine technologische Frage, sondern zuvorderst eine politische und eine Gerechtigkeitsfrage. Um das mit einem alten Begriff zu sagen, den es wieder ins Recht zu setzen gilt: Sie ist einfach eine Frage des Gemeinwohls.

ROBERT MISIK, geboren 1966 in Wien, einer der streitbarsten linken Publizisten seiner Generation,

Buchautor, *taz*-Kolumnist, *profil*-Journalist, Blogger
und Videoblogger (www.misik.at).
2008 erhielt er den *Österreichischen Staatspreis für
Kulturpublizistik*.

ZWEI VERSUCHE, MICH TSCHERNOBYL ZU NÄHERN

von LANDOLF SCHERZER

Das ukrainische Wort »Tschernobyl« heißt auf Deutsch »schwarzer bitterer Wermut«.

Bei der Kernexplosion im Atomkraftwerk Tschernobyl – der größten technologischen Katastrophe im 20. Jahrhundert – wurde am 26. April 1986 die 3000 Tonnen schwere stählerne Reaktordecke angehoben. Große Mengen radioaktiver Brennstäbe und Graphitelemente wurden in die Luft geschleudert und fielen auf die Dächer der danebenstehenden Reaktoren, die Straßen, Plätze, Äcker und Wiesen der Umgebung. Durch die Explosion wurde sechstausendmal mehr Radioaktivität als durch die Hiroshima-Bombe freigesetzt. Die ersten verstrahlten Menschen starben schon nach zwölf Stunden. Tausende Männer, Frauen und Kinder, die in keiner Statistik erfasst sind, wurden seitdem in der Ukraine und Belorussland Opfer des »unsichtbaren schwarzen Todes«.

Zwanzig Jahre nach Tschernobyl fragt mich nach einer Lesung in Berlin eine große und sehr aufrecht gehende

Frau verlegen, ob ich mir ihr Buch anschauen würde. Es ist ein dickes, rot-weiß kariertes Schulheft. sechsundfünfzig der hundertzwanzig nummerierten Seiten sind in gestochener Handschrift beschrieben. Auf dem Umschlag steht, von aufgeklebten Klatschmohnblüten gerahmt: »Galina Wolina: Eine Mohnblumenliebe«.[*]

Die Ukrainerin übersetzt mir die ersten Zeilen ihres Buches.

»Heute ist Serjosha, der zweite Mann meiner besten Freundin Nadeshda, gestorben. Er wäre im November sechsundvierzig Jahre alt geworden, also fünfundzwanzig Jahre älter als ihr erster Mann, den alle liebevoll ›Paschka‹ genannt hatten. Nadeshdas einziges Kind starb, als es noch nicht geboren worden war, an Lenins 117. Geburtstag am 22. April 1987.«

Unter dem Text ein Foto: Bunt gekleidete Männer, Frauen und Kinder tragen zu Girlanden gebundene Blumen über ihren Köpfen. Hinter ihnen fährt ein LKW, dessen schwarz verhängte Seitenwände heruntergeklappt sind. Auf der Ladefläche steht ein offener Sarg, der nur mit einem Strauß roter Mohnblumen geschmückt ist. Eine kleine Frau – »Das ist Nadeshda«, sagt Galina – geht gebückt und allein hinter dem Auto. Sie hält sich an der Ladefläche des LKWs fest, als wolle sie das Totenauto voranschieben oder anhalten.

Ich frage Galina: »Woran starb Nadeshdas Mann?«

»An Tschernobyl.«

---

[*] Name verändert.

»Aber Tschernobyl ist seit über 20 Jahren Geschichte«, sage ich.

»Tschernobyl wird niemals Geschichte sein. Das Plutonium 239, das damals in die Luft geschleudert wurde, hat eine Halbwertszeit von 24000 Jahren. Und es liegt als Staub auf den Wiesen und Äckern der Ukraine und Weißrusslands. Die Kühe fressen das verstrahlte Gras, und mit dem Kuhdung bringen die Leute das gefährliche Plutonium in ihre Gärten, verzehren es mit den Kartoffeln und dem Mehl. Und im Dnepr und in den Kiewer Seen schwimmen die radioaktiven Plutoniumpartikel. Und in den heißen ukrainischen Sommern wirbeln die Autos den Plutoniumstaub aus den Straßengräben auf und von den Feldern. Ein Milligramm Plutonium 239 eingeatmet kann tödlich sein. Die Strahlendosis ist heute geringer. Aber wenn man dreißig oder vierzig Jahre mit dem Plutonium lebt, dann … Das 1986 beim GAU (Größter Anzunehmender Unfall) freigesetzte Plutonium 239, das heute auf den Feldern der Ukraine und Belorusslands liegt und in den Seen um Kiew schwimmt, wird erst im Jahre 25986 nach Christi Geburt zur Hälfte zerfallen sein. Gleich, ob im Jahre 25986 noch Menschen auf der Erde leben oder schon ausgestorben sind.«

Nadeshdas erster Mann Paschka, ein Hydrotechniker von Beruf, angelte in der Schreckensnacht an einem kleinen, klaren Fluss in der Nähe des Kraftwerkes. Kurz nach ein Uhr hörte er die Explosionen. Dann sah er die Feuersäule über dem Kraftwerk.

In dieser Nacht versuchten aus dem Schlaf geris-

sene, nur mit ihren Stoffuniformen bekleidete Feuerwehrleute den Atombrand zu löschen. Am Morgen
kreisten Militärhubschrauber über dem offenen, immer noch mit tausend Grad glühenden Reaktor. Die
Hubschrauberbesatzungen, sie hatten den Afghanis-
tan-Krieg überlebt, mussten dem Höllenschlund bis
auf den Grund schauen, wenn sie Sand und Blei zielgenau hineinschütten wollten. Noch dreihundert Meter
über dem Reaktor wurden eintausend Röntgen gemessen (schon vierhundert führen in fünfzig Prozent der
Fälle zum Tode). Die ersten Toten waren Feuerwehrleute, Anlagenfahrer und Hubschrauberpiloten.

Am zweiten Tag nach der Katastrophe beendeten
Partei und Regierung die Informationssperre, und der
Rundfunk meldete, dass im Atomkraftwerk Tschernobyl ein Brand ausgebrochen sei, der allerdings schon
unter Kontrolle wäre. Mit tausendzweihundert Bussen und Lastkraftwagen (einer zwanzig Kilometer
langen Karawane) wurden in nur vier Stunden die
fünfzigtausend Einwohner der zehn Kilometer von
Tschernobyl entfernten Stadt Pripjat evakuiert. Die
Leute sollten nur das Nötigste mitnehmen.

»In drei Tagen seid ihr wieder zu Hause«, ver-
sicherten die Behörden. Keiner von ihnen kehrte je
zurück. Noch heute ist Pripjat eine Geisterstadt. Rund
um Tschernobyl riegelte das Militär eine Dreißig-Kilometer-Sperrzone ab, die niemand betreten darf. In
den Dörfern dieser Zone hoben Baggerfahrer Löcher
aus, in denen sie die Holzhäuser versenkten und die
sie danach zuschütteten. Anschließend durchstreiften

Jagdkollektive die leeren Dörfer und erschossen die Menschen suchenden zutraulichen hochverstrahlten Katzen und Hunde.

Und Soldaten trugen die verseuchte Erde ab.

Und begruben Erde unter Erde.

Als die Ventile für das Kühlwasser des Kernkraftwerkes geschlossen werden mussten, meldete sich Nadeshdas Mann Paschka und tauchte unter dem Todesreaktor. Er war einer der sechshundert- bis achthunderttausend namenlosen »Liquidatoren«, die in und um Tschernobyl gegen die tödlichen Strahlen in der Luft, auf der Erde und im Wasser kämpften. Sie sollten den Reaktor mit der nicht mehr zu stoppenden nuklearen Kettenreaktion unter einem strahlungssicheren Sarg aus Zehntausenden Tonnen von Stahl und Beton begraben. Doch zuvor mussten vom Dach des Nachbarreaktors viele Tonnen radioaktiver Trümmer, herausgeschleuderte Brennstäbe und Graphitplatten heruntergeholt und in den zu versiegelnden brennenden Reaktor geworfen werden. Feuerwehrleute und Soldaten hievten japanische und deutsche Spezialroboter und ein sowjetisches Mondmobil auf das Dach. Doch die Elektronik der Roboter verweigerte die Arbeit wegen zu hoher Strahlenwerte. Da schickte die Einsatzleitung menschliche Roboter, die freiwilligen Liquidatoren, auf das Dach. Sie erhielten weiße Arbeitsanzüge, die in der ganzen Sowjetunion eingesammelt worden waren, vitaminreiches Essen, Wodka und Jodtabletten gegen Schilddrüsenkrebs. General Karakanow, der die Liquidatoren befehligte,

ließ in den Räumen der eingeflogenen Regierungskommission die dort eiligst angebrachten Bleiverkleidungen abmontieren und für seine Leute daraus
notdürftige Schutzschilde anfertigen. Mit dem Sirenenzeichen sprangen jeweils neun Liquidatoren aus
ihrer Deckung und versuchten mit Schaufeln und Spaten, die Atomtrümmer vom Dach zu stoßen. Nicht
länger als neunzig Sekunden. Dann heulte die Sirene,
und die nächsten neun Liquidatoren sprangen auf das
Dach. Für diese neunzig Sekunden ihres Lebens erhielten sie eine Urkunde, Prämien und die vorzeitige Entlassung aus der Armee. Für neunzig Sekunden
Heldentum als menschliche Roboter gegen den Strahlentod.

Nachdem der brennende Reaktor unter dem riesigen Stahlbetonsarkophag versiegelt war, kletterte ein
Armist auf den höchsten Schornstein des Kraftwerkes
und hisste die rote Fahne des Sieges über Tschernobyl.

Die rote Fahne des Sieges.

Wie 1945 nach dem Sieg gegen den Hitlerfaschismus auf dem Reichstagsgebäude in Berlin.

Sechs- bis achthunderttausend Männer hatten den
Krieg gegen die drohende Atomkatastrophe gewonnen. Wäre er verloren worden, hätten vierzig Prozent
der europäischen Bevölkerung evakuiert werden müssen, und fast die Hälfte der Fläche Europas wäre landwirtschaftlich nicht mehr zu nutzen gewesen. Dass
zwanzig Millionen Sowjetmenschen im Krieg gegen
die deutschen Okkupanten gefallen sind, weiß man.
Wie viele Zehntausende von den Liquidatoren inzwi-

schen an den Spätfolgen ihrer Verstrahlungen gestorben sind, hat keine staatliche Stelle erfasst.

Nadeshdas erster Mann, der Hydrotechniker Paschka, wurde ein Dreivierteljahr nach der Katastrophe in eine Moskauer Spezialklinik gebracht. Seine Haut schälte sich ab. Später löste sich auch braun gewordenes Fleisch von den Knochen. Nadeshda schlief zwei Monate neben ihm auf dem Fußboden der Klinik. Er lag unter einer Plastefolie. Sie durfte ihn nicht streicheln, nicht küssen, nicht berühren. Sie waren erst sechs Monate verheiratet. Am Ende zerfiel Paschkas Körper, als wäre er ein vertrockneter Schwamm und knochenlos. In einem schützenden Bleisarg begrub man ihn auf einem Moskauer Friedhof. Nadeshda, der Name bedeutet auf Deutsch Hoffnung, ließ sich von einem Moskauer Arzt illegal ihr vier Monate altes Ungeborenes abtreiben. Als sie ihm sagte, woher sie kam, nahm er kein Geld von ihr.

»Vielleicht«, sagt Galina, »ist es besser, dass sie ihr Baby nicht geboren hat. Manche der Kinder, die kurz nach der Katastrophe auf die Welt kamen, sind heute noch an ihrer Narbe am Kehlkopf zu erkennen. Das Wundmalzeichen nach einer Krebsoperation.«

Sie unterbricht sich, macht eine lange Pause. »Wissen Sie, dass unsere Kindersterblichkeit trotz Tschernobyl – ich glaube erst seit der Unabhängigkeit – keinesfalls höher ist als in anderen europäischen, nicht direkt unter Tschernobyl leidenden Ländern? In der Ukraine werden die Kinder für die Statistik erst als geboren gemeldet, und die Eltern erhalten nur dann eine

Geburtsurkunde, wenn das Neugeborene die ersten vier Wochen überlebt hat.

Wahrscheinlich leiden Zehntausende, vielleicht auch Hunderttausende Kinder noch an den Spätfolgen von Tschernobyl.«

Diese Zahlen würden allerdings weder der ukrainische noch der weißrussische Staat bestätigen. »Kein Staat, kein System der Welt gibt bei solchen schrecklichen Katastrophen die ganze Wahrheit zu. Schonungslose Ehrlichkeit bedeutet in solch einem Falle den politischen Tod, nämlich den Verlust der Macht für die Herrschenden, Unehrlichkeit und Verharmlosung dagegen nur den Tod für die kleinen Leute.«

Ich sage, dass ich Tschernobyl sehen möchte.

Sie schüttelt den Kopf. »Milizionäre bewachen die Dreißig-Kilometer-Sperrzone. Sie zu betreten ist noch immer verboten.«

Aber selbst wenn es mir gelänge, den Sarkophag von Tschernobyl zu sehen, würde ich doch nichts begreifen. »Denn um Tschernobyl zu begreifen, müssten Sie in die kranken Seelen der Menschen dort schauen können.«

LANDOLF SCHERZER, geboren 1941 in Dresden, freier Schriftsteller in Thüringen, wurde vor allem durch Langzeitreportagen wie *Der Erste* und *Der Zweite* bekannt. Zuletzt erschienen *Immer geradeaus. Zu Fuß durch Europas Osten*, *Letzte Helden* (beide 2010) und *Urlaub für rote Engel* (2011).

DER STOFF, AUS DEM DIE ALPTRÄUME SIND

von GÜNTER KUNERT

Wie unschuldig waren wir einmal, um nicht zu sagen: einst, als aus dem Radio Ernst Buschs schneidende Stimme ertönte: »Go home, Ami, Ami, go home – spalt' für'n Frieden dein Atom …« Und wie amüsant und erheiternd war es gewesen, auf einem Transparent am Märkischen Museum in Ostberlin zu lesen: WIR WOLLEN IN EINER WELT OHNE ATOME LEBEN! Das sind Zeiten gewesen, in denen das Wünschen und Fordern zwar auch nicht geholfen hat, aber immerhin bei einer Mehrheit von Menschen Atomenergie als etwas durchaus zu Befürwortendes galt. Inzwischen haben wir vom Baum der Erkenntnis gegessen, und das ist uns gar nicht bekommen.

Doch schon damals erschienen Pläne der »Großbauten des Kommunismus« ziemlich vermessen. »Der weise Führer des Weltproletariats« wollte mir nichts, dir nichts die Flüsse Ob und Jenissej umleiten, ihre Fließrichtung umkehren, und zwar durch atomare Sprengungen. Und alle braven Genossen nickten hochzufrieden mit dem, was sie für ihren

156

Kopf hielten. Freilich: der selbstmörderische Unfug hat nicht aufgehört, sondern nur andere Formen angenommen.

Jedermann kann der Zeitung entnehmen, dass es rund um den Globus über vierhundertvierzig AKW gibt, von Brokdorf (heute, 23. März 2011 schon wieder eine Panne) bis in die USA, China, Russland sowieso. Was ich leider der Presse nicht entnehme, ist ein Hinweis auf »Endlager«. Manche der Kernkraftwerke sind seit Jahrzehnten in Betrieb, und keiner fragt, wo denn der atomare Abfall geblieben ist. Keine Statistik – in unserer statistikfreudigen Welt – erteilt Auskunft, was inzwischen mit dem strahlenden Müll geschehen ist. Wir kennen in Deutschland die Auseinandersetzungen über Gorleben, über den Salzstock, von dem keiner weiß, wie er sich in Zukunft der Erdmantelbewegung anpassen muss. Aber von unseren näheren und ferneren Nachbarn ist uns gar nicht bekannt, wohin sie die gefährlichen Reste bringen. Von La Hague haben wir gehört: Dort liegen die vernutzten Brennelemente unter freiem Himmel, mal zur Aufbereitung, mal zur Dekoration der Gegend.

Unsere französischen Freunde betreiben über fünfzig AKW, ohne uns ein Wörtchen über die Abfallmengen und ihre Aufbewahrung mitzuteilen. Wahrscheinlich ein Staatsgeheimnis, für den Durchschnittsbürger sowieso uninteressant, solange der Strom aus der Steckdose kommt. Wissbegier erwacht immer erst, wenn es zu spät ist. Von den untergegangenen Atom-U-Booten will ich gar nicht reden, nicht von den frühen Versuchen mit »taktischen« Atomwaffen – ach, das alles ist doch Fallout von Gestern.

Das Signal hieß Tschernobyl, und es hat uns für eine Weile beunruhigt. Vorsicht beim Pilzgericht! Auch Wildfleisch nur in Maßen vertilgen! Zusätzlich ein paar verwackelte Bilder des explodierten Meilers, über dem wir ja – Brecht würde fragen, auf wessen Kosten – einen »Sarkophag« errichtet haben, was in der Übersetzung »Fleischfresser« bedeutet. Eine recht treffende Bezeichnung, denn die Kosten, auf unabsehbare Zeit weiterlaufend, trägt niemand außer uns unfreiwilligen Zuschauern. Der nächste Sarg ist ja bereits in Arbeit und wird vermutlich in einem historisch kurzen Zeitraum ersetzt werden müssen. Immerhin: für Arbeitsplätze ist diesenfalls gesorgt.

Nun heißt die Parole in Deutschland »Moratorium«, also Zeitgewinn, bis sich die Lage beruhigt, die Aufregung gelegt hat. Die Katastrophe findet doch immer bei den anderen statt, Japan ist weit und der Ethikrat nahe: Von diesem werden wir erfahren, wie man sich als braver Bürger moralisch zu verhalten hat, angesichts einer Technik, die zu beherrschen nicht gelingen will und sichtlich auch nicht gelingen kann. Wir sollten wissen, dass mit keiner Entwarnung zu rechnen ist. Tschernobyl und Fukushima können sich nicht nur wiederholen – die Wiederholung ist leider sogar unvermeidlich. Nur wann es geschieht, ist offen. Doch die Garantie für den nächsten größten anzunehmenden UNFALL – ein Euphemismus ersten Ranges – dürfen wir als gegeben annehmen. Wir erinnern uns an das alte Sprichwort »Wer sich in Gefahr begibt, kommt darin um«, und das gilt nicht ausschließlich für Individuen, sondern ebenso für ganze Bevölkerungsgruppen, aber mit dem Unterschied, dass sich letztere keineswegs achtlos in die Gefahr begeben haben, vielmehr dieser Gefahr ausgesetzt worden sind, unter Vorspiegelung falscher Tatsachen, wie die Juristen Betrügereien nennen.

Nicht allein das Geschehen ist schlimm, genauso schlimm ist unsere Hilflosigkeit angesichts des Grauens. Wie sich dagegen wehren? Was tun? Demonstrieren? Eine Regierung, die uns für Dezennien dem befürchteten Unheil aussetzt, abwählen? Ja und wenn nun außer den alten auch die neueren Meiler abgeschaltet würden – was wird aus dem Stoff, aus dem die Albträume sind? Wie soll es damit weitergehen? Mehr Fragen als Antworten. Wir sind in einem Gespinst zivilisatorischer, ergo industrieller Abhängigkeiten gefangen, aus dem es keine Befreiung zu geben scheint. Wir haben unsere Existenzmöglichkeiten an den instrumentalen Erfindergeist geknüpft – nun schreien wir: Besen, Besen, sei's gewesen, doch in unserem Falle, anders als in Goethes Gedicht vom Zauberlehrling, der den bedrohlichen Automatismus des Helfers nicht mehr anzuhalten vermag, erscheint kein alter Meister, der das Ungeheuer bändigt. Guter Rat ist nicht bloß teuer, es ist auch ziemlich ungewiss, ob er überhaupt befolgt würde, falls man diesen denn erhielte. Wir sind an einer, zurückhaltend gesagt, menschheitlichen Grenze angelangt. In unserem Wahn der Machbarkeit allen technologischen Tuns stehen wir wie Faust als armer Tor da und sind so klug als wie zuvor.

Verspottet als »Unheilsprophet«, habe ich vormals ein Gedicht geschrieben, nicht um meinen schlechten Ruf als Schwarzseher zu stärken, eher um eine mich bedrückende Last loszuwerden. Keiner hat mir auch nur einen Bruchteil dieser Last abgenommen:

Für friedliche Zwecke
Ein Griff zum Schalter
bestätigt: Unter Betonkuppeln
brodeln die Elemente Doch
es ergibt sich ein Riß
im System hin und wieder
Trost finden wir allemal
und Platz wo der Hund
begraben liegt Vorüber rollen
wo wir verbunkert verblieben
mächtige Gefäße gefüllt
mit dem Geheimnis der Materie
hochgemut entschlüsselt
in die Zukunft an unsererstatt
Morgen ist über alldem Ruh
und kein Hauch und kein ich
und kein wir dazu

GÜNTER KUNERT wurde 1929 in Berlin geboren und lebt, nach seiner Ausreise aus der DDR, seit 1979 in Kaisborstel bei Itzehoe. KUNERT gilt als einer der

vielseitigsten und bekanntesten Gegenwartsschrift-
steller. Für sein literarisches Werk erhielt er zahlreiche
Auszeichnungen, unter anderem den Heinrich-Heine-
und den Friedrich-Hölderlin-Preis.

LEHREN AUS DER KRISE:

So kann der Umbau der Energiewirtschaft gelingen
von CLAUDIA KEMFERT

Die heutige Gesellschaft steht vor Herausforderungen wie keine andere vor ihr. Fossile Ressourcen wie Öl, Gas und Kohle sind endlich und verursachen beim Verbrennen klimagefährliche Treibhausgase. Dabei werden etwa drei Viertel der weltweiten Treibhausgase von den Industriestaaten USA, Europa und Japan verursacht. Die Konzentration der Treibhausgase in der Atmosphäre hat schon heute fast das Niveau erreicht, welches nicht überschritten werden sollte, um das Klima irreversibel zu schädigen. Um den Klimawandel einzudämmen, müssen die modernen, entwickelten Volkswirtschaften es schaffen, die Klimagase drastisch zu vermindern und zudem fossile Energien durch alternative Energien zu ersetzen. Weltweit steigt die Nachfrage nach fossilen Ressourcen weiter drastisch an, besonders in den stark wachsenden Volkswirtschaften wie China, aber auch Russland und Indien. Insbesondere der immer weiter steigende Kohleverbrauch lässt die Treibhausgase unaufhaltsam ansteigen. Dabei wird nicht selten der Verbrauch fossiler

Energie subventioniert, was zu einer Verschwendung von Energie führt.

Fossile Energien, allen voran Öl, werden knapper und teurer. Denn Öl ist und bleibt endlich. Und die Zeit des ausreichenden Ölangebots geht vorüber. Die boomenden und besonders stark wachsenden Volkswirtschaften haben einen enormen Energiehunger. Wir müssen somit das globale Ölangebot deutlich ausweiten, um die Nachfrage überhaupt noch decken zu können. Eine Trendumkehr ist so gut wie ausgeschlossen, da die Mobilitätstechnologien nahezu vollständig auf Öl basieren. Der größte Teil des global eingesetzten Öls wird für die Mobilität genutzt, gefolgt von Chemie und Gebäudeenergie sowie andere Nutzung, wie beispielsweise für Pharmazie und andere Produktherstellungen. Um uns also spürbar weniger abhängig vom Öl zu machen, müssten wir vor allem so rasch wie möglich andere Antriebstechniken und -stoffe in der Mobilität einsetzen. Zudem müssen wir weltweit Gebäude besser dämmen. Insbesondere in den USA, aber auch in Russland oder in Schwellenländern wird sehr viel Energie durch schlechte Gebäudeisolation verschwendet.

Die volkswirtschaftlichen Kosten eines möglichst frühzeitigen Umbaus der Energieversorgung hin zu einer CO_2-freien Energietechnik sind heute geringer, als wenn eine Umstellung erst viel später und damit sehr viel schneller vonstatten gehen muss. Die Katastrophe in Japan hat zu einer Neubewertung des Einsatzes von

Atomkraftwerken geführt. Vor allem die Fragen an die Sicherheit aller Atomkraftwerke weltweit sind größer und drängender geworden. Die USA und Russland haben zusammen über hundert Kernkraftwerke im Einsatz, China will angeblich vierzig neue Reaktoren bauen, bei unseren Nachbarn in Frankreich stehen über fünfzig. In Deutschland hat die Fukushima-Katastrophe zu einem schnelleren als bisher geplanten Ausstieg aus der Kernenergie geführt.

Das Energiekonzept beinhaltete in Deutschland ohnehin, den Anteil der erneuerbaren Energien auf achtzig Prozent in den kommenden vier Jahrzehnten zu erhöhen. Die Kernenergie sollte im Energiekonzept eine Brückenfunktion hin zur Vollversorgung mit erneuerbaren Energien einnehmen. Zeitgleich zum Atomausstieg kann ein Großteil älterer Kohlekraftwerke vom Netz gehen. Der Stromüberschuss, den wir derzeit noch haben, wird tendenziell somit sinken. Die Energiewende muss somit schneller als bisher geplant vonstattengehen. Man wird den Anteil der erneuerbaren Energien im kommenden Jahrzehnt auf über dreißig Prozent verdoppeln können. Um zu verhindern, dass alte durch neue Kohlekraftwerke ersetzt werden, sollten effiziente Gas-Kraft-Wärme-Kopplungsanlagen gebaut werden.[17] Gaskraftwerke sind wirkliche Brückentechnologien, da sie effizient und gut kombinierbar mit erneuerbaren Energien sind.

Letztendlich steht jede Nation wie nun auch Deutschland vor der Frage, wie man zügig aus der Kernenergie aussteigt. Wäre die deutsche Politik auch auf andere EU-Länder übertragbar? Auch wenn die Sicherheitsvorkehrungen in der EU erhöht und neu bewertet werden sollten, ein Komplettausstieg nach deutschem Vorbild wäre in anderen atomfreundlichen EU-Ländern kaum denkbar. Dennoch wird es keine Renaissance der Kernenergie geben. Viele der Kraftwerke haben bereits eine Altersgrenze überschritten und werden in den kommenden Jahren vom Netz gehen. Finnland baut derzeit ein Kernkraftwerk, dieses verzögert sich jedoch aufgrund erhöhter Sicherheitsvorkehrungen, auch wird es deutlich teurer als bisher geplant. Zwar planen einige andere EU-Länder den Bau von Reaktoren, wie beispielsweise England, Schweden oder auch Italien, ob dies allerdings wie beabsichtigt ohne Subventionen zu bewerkstelligen sein wird, bleibt zu bezweifeln.

Die Kernenergie kann das globale Energieproblem ohnehin nicht lösen, noch immer wird der allergrößte Teil der Energie aus fossilen Brennstoffen gewonnen. Um wirkungsvollen Klimaschutz zu betreiben, müssen Alternativen für Kohlekraftwerke gefunden werden. Da bis vor kurzem auch Gas aufgrund hoher Preise eher unwirtschaftlich war, bleibt den meisten Nationen in erster Linie die Wahl zwischen Atom und Kohle. In Europa wird man nur in der Übergangszeit auf Kernenergie setzen, denn genau wie Deutschland wird man in den einzelnen Europäischen Ländern den Anteil der erneuerbaren Energien deutlich ausbauen. Europa hat sich zum Ziel gesetzt, zwanzig Prozent erneuerbare Energien bis zum Jahr 2020 zu erreichen, zudem die Energieeffizienz zu verbessern und somit die Treibhausgase um zwanzig Prozent zu mindern.[18] Eine Energieeffizienzverbesserung um zwanzig Prozent soll bis 2020 erzielt werden, erreicht wurde bisher nur knapp die Hälfte. Besser sieht es da bei der Erfüllung der Ziele des Ausbaus der erneuerbaren Energien aus. Insgesamt wurden in Europa bis heute bereits die Treibhausgase um sechzehn Prozent reduziert. Wenn die Effizienzverbesserungen erfüllt werden, können die Emissionen um bis zu 25 Prozent bis 2020 vermindert werden. Die jüngst vorgestellte Roadmap der EU zeigt auf, dass es beträchtliche Fortschritte bei der Erhöhung des Anteils erneuerbarer Energien gibt und auch die Reduktionsziele der Treibhausgase zumindest teilweise erfüllt wurden.[19] Insbesondere bei der Erreichung der Effizienzziele zeigt sich jedoch, dass es erheblichen Nachholbedarf gibt. Doch wie will man die Energieeffizienz derart verbessern? Die EU sieht die größten Potentiale zu Recht im Bereich der Gebäudeenergie, gefolgt vom Verkehrssektor. Insbesondere durch die Verbesserung der Gebäudeisolierung kann der Energieeinsatz optimiert werden.

Die Internationale Energieagentur hat kürzlich ihre aktuelle Energieprognose vorgestellt und völlig zu Recht darauf hingewiesen, dass wir nicht schnell genug beginnen können, in klimaschonende Energien, intelligente Netze und Energieeffizienz zu investieren.[20] Und dies nicht in erster Linie zur Schonung des Klimas, sondern vor allem zur Sicherung der Energieversorgung. Auch wenn die OECD-Länder sich an-

strengen und es weiter schaffen, Wirtschaftswachs-
tum vom Energieverbrauch zu entkoppeln, werden
stark wachsende Volkswirtschaften, insbesondere aus
Asien, einen derartigen Energiebedarf haben, dass die
Preise für fossile Energien nur eine Richtung kennen werden: nach oben. Und es ist ebenso richtig,
dass die weltweite Wirtschaftskrise mehr Unsicherheit gebracht hat und bisher sicher geglaubte Investitionen erst einmal hinterfragt werden. Dabei sind
die Investitionen in Zukunftsmärkte lohnender denn
je. Ob nachhaltige Mobilität, erneuerbare Energien,
klimaschonende Antriebstechniken, Ressourcen und
Materialeffizienz, Abfallverwertung oder intelligente
Infrastruktur: in keinen Markt werden in den kommenden Jahrzehnten mehr Investitionen fließen als
in die zukunftsweisenden Energie- und Mobilitätsmärkte. Die International Energy Agency beziffert die
Investitionen auf 36 Milliarden Euro pro Jahr. Wenn
man sieht, dass derzeit noch immer ungefähr 312 Milliarden Euro pro Jahr in die Subventionierung der fossilen Energien fließen, erscheint der Betrag lächerlich
gering. Zudem sind es entscheidende Investitionen in
Wachstumsmärkte, die Arbeitsplätze und Wohlstand
sichern. Allein in Deutschland können bis zu einer
Million zusätzlicher Arbeitsplätze entstehen, wenn
Unternehmen in die wichtigen Zukunftsmärkte investieren. Dass sich dies auszahlt, sieht man an den
jüngsten Entwicklungen großer Konzerne, die massiv
in Infrastrukturprojekte und erneuerbare Energien in
Europa investieren.

Die Energieversorgung soll sicher, bezahlbar und klimaschonend sein. In Deutschland beruht die Stromerzeugung gegenwärtig zum großen Teil auf Kernenergie und Stein- und Braunkohle. Im Jahre 2002 hat die deutsche Politik zusammen mit der Energiewirtschaft beschlossen, aus der Atomenergie auszusteigen und bis zum Jahre 2021 alle siebzehn der derzeitig in Betrieb befindlichen Kernenergiekraftwerke abzuschalten. Allein durch die Abschaltung der Atomkraftwerke müssen bis 2021 Ersatzinvestitionen für zwanzig Gigawatt Stromerzeugung geleistet werden. Zusammen mit dem altersbedingten Abschalten eines Teiles der Kohlekraftwerke wird bis zum Jahre 2020 ein Ersatzbedarf von circa vierzig Gigawatt an Kraftwerksleistung notwendig sein.[21] Im Jahr 2011 wurde dieser Atomausstiegsbeschluss erweitert. Die im Betrieb befindlichen Kernkraftwerke sollten im Schnitt zwölf Jahre länger laufen, im Gegenzug sollten die Energieversorger finanzielle Mittel in einen Klimafonds zahlen, aus dem der Umbau des Energiesystems bezahlt werden sollte. Nach dem Reaktorunfall in Japan wurde dieser Beschluss im Rahmen eines Moratoriums ausgesetzt und sieben ältere Atomkraftwerke unmittelbar vom Netz genommen.

Die Treibhausgas-Emissionen entstehen in Deutschland zum größten Teil durch die Energieerzeugung und Verkehr. Die Verbrennung von Braunkohle verursacht die vergleichsweise höchsten CO_2-Emissionen. Aufgrund des nach wie vor hohen Stein- und Braunkohlenanteils an der Stromerzeugung ist Deutschland im Vergleich zu anderen europäischen Ländern eines der am meisten CO_2-emittierenden Länder. Moderne und emissionsarme Gas- und Dampfkraftwerke haben nur einen geringen Anteil an der Stromerzeugung in Deutschland (zehn Prozent). Die Stromerzeugung durch Kraft-Wärme-Kopplungsanlagen weist einen hohen Gesamtausnutzungsgrad des eingesetzten Brennstoffs auf, da sie die für die Stromerzeugung anfallende Abwärme für Heizzwecke zur Verfügung stellt. Die Stromerzeugung aus Kernenergie verursacht zwar unmittelbar keine klimagefährlichen Treibhausgase, birgt jedoch viele andere Umweltrisiken bei Betrieb und Endlagerung in sich. Deutschland hat sich im Zuge der EU-Lastenverteilung verpflichtet, die klimarelevanten Treibhausgas-Emissionen um insgesamt 21 Prozent, gemessen an dem Niveau von 1990 bis zum Zeitraum von 2008, bis 2012 zu verringern. Dieses Ziel wurde schon im Jahr 2008 erreicht. Dennoch: Für knapp ein Viertel der Treibhausgas-Emissionen in der EU ist die Bundesrepublik verantwortlich. Dieser Anteil würde sich erhöhen, wenn Atom- durch Kohlekraftwerke ersetzt werden würden.

Aufgrund des starken Ersatzbedarfs in der Stromerzeugung stellt sich die dringende Frage, wie künftig in Deutschland der Strom hergestellt werden soll. Die Bundesnetzagentur warnt seit einiger Zeit davor, dass zu wenig in Kraftwerke und in die Infrastruktur investiert wird.[22] Eine Studie der Deutschen Energie-Agentur (Dena) hat festgestellt, dass eine »Stromlücke« möglich wäre, d. h. ein Engpass in der deutschen

Stromerzeugung, welcher nicht durch Stromimporte ausgeglichen werden kann.[23] Das »Fenster der Möglichkeiten« (sogenanntes »Window of Opportunities«) kann sich jedoch schon bald schließen, denn die heutigen Entscheidungen, in welche Kraftwerke und Netze investiert werden soll, sind elementar. Der Energiesektor ist wie kein Zweiter von dem Gesetz der Größe geprägt, da er sehr kapitalintensiv ist. Zudem ist es ein »träger« Sektor, da von der Entscheidung einer Investition bis zum Bau und Inbetriebnahme eines Kraftwerks oder Netzes oftmals über zehn Jahre vergehen können.[24] Die erneuerbaren Energien wachsen stetig und können sicher bis zum Jahre 2020 einen Anteil von über dreißig Prozent an der deutschen Stromerzeugung erreichen. Zudem wird im Zuge extrem hoher Energiepreise auch das Energiesparen sehr stark an Bedeutung gewinnen.

Die Kohlekraftwerke produzieren einen vergleichsweise hohen Anteil an CO_2-Emissionen. Es bestünde allerdings die Möglichkeit der CO_2-Abscheidung und -deponierung (CCS), wodurch die Nutzung von Kohlekraftwerken weiterhin ermöglicht werden könnte. Das sogenannte »CO_2-freie Kraftwerk«[25] mittels Kohlenstoffsequestrierung, d. h. die Abscheidung des Kohlendioxids bei der Entstehung, ist ebenso kostenintensiv und verursacht, nach derzeitigem Kenntnisstand, erhebliche Energieeffizienzverluste.[26] Dies würde den Einsatz der Kohlekraftwerke wiederum verteuern.[27] Zudem ist sowohl die Technologie der CO_2-Abscheidung als auch die Endlagerung bisher wenig erforscht. Diese Ungewissheiten machen die sichere Bereitstellung bereits im Jahre 2020 eher fraglich.

WAS MUSS GETAN WERDEN?

Wichtig ist vor allem der deutliche Ausbau der erneuerbaren Energien und der Kraft-Wärme-Kopplung sowie eine erhebliche Steigerung der Energieeffizienz, zudem sollten die Kohlekraftwerke CO_2-ärmer werden. Zunächst sollte der Anteil der erneuerbaren Energien weiter deutlich steigen und immer mehr Kraft-Wärme-Kopplung (KWK) genutzt werden. Zudem muss das Zusammenspiel der einzelnen Instrumente überprüft und bewertet werden. Insbesondere im Gebäudebereich liegen ungeahnte Energieeinsparpotentiale. Durch gezielte finanzielle Förderung, Steuerersparnisse und verbesserte Möglichkeiten der Kostenüberwälzung für Immobilienbesitzer können hier die richtigen Signale gesetzt werden. Die Förderung der erneuerbaren Energien mittels des Erneuerbare-Energien-Gesetzes (EEG) ist richtig und sollte so lange fortgesetzt werden, bis sich die Technik selbst am Markt behaupten kann. Erneuerbare Energien sind der Baustein für eine nachhaltige Energieversorgung: Sie sind CO_2-frei, sorgen als heimische Energieträger für Versorgungssicherheit und können zudem als Wachstums- und Jobmotor die Wettbewerbsfähigkeit erhöhen. Erneuerbare Energien sind dabei für alle Energiebereiche interessant: Sowohl für die Stromerzeugung als auch für die Wärmeerzeugung und als alternative Kraftstoffe im Transportbereich können erneuerbare Energien eingesetzt werden.

Der Vorteil des EEG liegt in der Kostendegression, d.h. der Berücksichtigung von Lehrkurveneffekten bzw. Kostendegressionspotentialen. Fossile Energien, insbesondere Öl, werden knapper und teurer. Mit steigenden Preisen für fossile Energien werden die erneuerbaren Energien schneller wettbewerbsfähig. Hohe Preise für fossile Energien machen zudem das Energiesparen attraktiver. Um die Energiewende zu schaffen, müssen dringend deutlich mehr Gelder in die Energieforschung fließen – zulasten anderer Subventionen im Energiesektor.

Neben dem gezielten Umbau der Energieerzeugung hin zu einer dezentralen Energieherstellung mit Kraft-Wärme-Kopplung und erneuerbaren Energien, der energetischen Sanierung von öffentlichen Gebäuden, dem Ausbau der Infrastruktur, insbesondere der Netze für Energieherstellung und Mobilität, insbesondere aber auch zur Stärkung des Öffentlichen Nahverkehrs, muss die Energiepolitik vor allem die Informationslücke schließen: Bürger müssen informiert werden, Architekten, Handwerker und Stadtplaner ausreichend ausgebildet und geschult werden. In der Pflicht stehen freilich auch die Unternehmen. Das gilt nicht zuletzt für die Autoindustrie, die nur dann im Wettbewerb bestehen wird, wenn sie mit Blick auf den Energieverbrauch zukunftsfähige Produkte anbieten kann. Die Energieanbieter müssen mit den Entscheidungsträgern zusammen mit den Bürgern und weiteren beteiligten Unternehmen gemeinsame Lösungen erarbeiten. Die Herausforderungen der nachhaltigen Energieversorgung und Mobilität sowie der gezielten Vermeidung und Anpassung an den Klimawandel kann und muss durch kommunale und nationale Politik unterstützt und umgesetzt werden.

Die Bürger Deutschlands protestieren seit langem gegen die Stromerzeugung aus der Kernenergie, zunehmend steigt jedoch auch die Ablehnung gegen Kohlekraftwerke, aber auch gegen erneuerbare Energien, insbesondere Windparks, zudem gegen die Einrichtung von Infrastruktur, insbesondere Stromleitungsnetze. Auch scheint die Akzeptanz in Deutschland zu schwinden, die bei der Verbrennung von Kohle entstandenen Treibhausgase unterirdisch einzulagern (Carbon Capture and Storage). Derzeit werden nahezu alle neuen Investitionsprojekte in Kraftwerke oder Netze durch Bürgerproteste blockiert. Dies kann zu einer erheblichen Beeinträchtigung der Energieversorgungssicherheit in Deutschland führen. Deutschland steht vor einem Energieversorgungsproblem, wenn wir es nicht schaffen, die energiepolitischen Weichenstellungen so vorzunehmen, dass die Investitionen in Kraftwerke und Infrastruktur erfolgen können.

Erneuerbare Energien sind der Baustein für eine nachhaltige Energieversorgung: Sie sind klimaschonend, sorgen als heimische Energieträger für Versorgungssicherheit und können zudem als Wachstums- und Jobmotor die Wettbewerbsfähigkeit erhöhen.

Erneuerbare Energien sind dabei für alle Energiebereiche interessant: sowohl für die Stromerzeugung
als auch für die Wärmeerzeugung und als alternative Kraftstoffe im Transportbereich. Die Branche der
erneuerbaren Energien ist dabei wie keine andere in
den letzten Jahren zu einer Wachstumsbranche geworden, welche Innovationen und Wachstum fördert.
Im Jahre 2010 waren bereits 350000 Beschäftigte in
diesem Bereich tätig, die Tendenz ist steigend. Im Jahre 2020 könnten es schon 600000 Beschäftigte sein.
Der Großteil der Beschäftigten ist in der Windenergie
und der Stromerzeugung aus Biomasse tätig, gefolgt
von der Solarwirtschaft und Geothermie. Die in diesen Bereichen geschaffene Wertschöpfung entsteht in
der Fläche, und zwar vornehmlich in der Region, res-
pektive außerhalb wirtschaftsstarker Metropolen. Erneuerbare Energien werden dabei zumeist dezentral
mittels Windkraftanlagen, Biomassekraftwerken oder
Kraft-Wärme-Kopplung erzeugt. Die erneuerbaren
Energien können dabei nicht nur zur Reduktion des
starken CO_2-Ausstoßes durch Kohlekraftwerke und
somit zum Klimaschutz beitragen. Im Zuge des Ausstiegs aus der Atomenergie leisten sie auch einen hervorragenden Beitrag zur Versorgungssicherheit, und
zwar durch eine Reduktion der Importabhängigkeit.
Die Expansionschancen erneuerbarer Energien sind
groß. Je nachdem, wie sich die weltweite Nachfrage
nach erneuerbaren Energien entwickelt, können die
Exportpotentiale weiter erhöht werden. Wenn neben
Deutschland auch viele andere Länder in der Welt den

Ausbau erneuerbarer Energien voranbringen, erhöhen sich auf der einen Seite die Exportpotentiale für deutsche Firmen, auf der anderen Seite schrumpft damit aber auch der Marktanteil deutscher Unternehmen im Weltmaßstab. Häufig wird die Frage gestellt: Können wir uns den Umbau überhaupt leisten, was kostet die Energiewende? Wichtig ist die Unterscheidung von Kosten und Investitionen. In der öffentlichen Diskussion werden beide Begriffe sehr oft durcheinandergebracht. Zum Umbau des Energiesystems sind Investitionen notwendig, die für Wertschöpfung und Arbeitsplätze sorgen. Bis zu einer Million zusätzliche Arbeitsplätze können durch den Umbau zu zukunftsweisenden Energiekonzepten und nachhaltige Mobilität erstehen. Die Kosten hingegen, insbesondere zur Produktion von Strom, sind mittels erneuerbarer Energien zu Beginn teurer. Aus diesem Grund werden die erneuerbaren Energien mittels des Erneuerbare-Energien-Gesetzes gefördert, eine Umlage erhöht den Strompreis. Die Kosten für fossile Energien werden steigen, die für erneuerbare Energien im Lauf der Zeit jedoch sinken. Durch den Umbau des Energiesystems und durch das Energiesparen können steigende Kosten fossiler Energien vermieden werden. Bei einem Ölpreisanstieg von hundert auf 120 Dollar pro Barrel würden zusätzliche Kosten für die deutsche Wirtschaft in Höhe von mindestens zwanzig Milliarden Euro entstehen – pro Jahr! Selbst wenn man annimmt, dass Investitionen zum Umbau des Energiesystems in Höhe von zweihundert Milliarden Euro in den kommenden 120 Jahren getätigt werden würden, die vermiedenen Kosten für fossile Energien wären annähernd genauso hoch.

Die Anfangsinvestitionen werden sicherlich zum größten Teil von Unternehmen getätigt werden, aber auch eine teilweise Finanzierung durch die öffentliche Hand wird notwendig sein. Der Klimafonds speist sich beispielsweise aus den Geldern aus dem Verkauf von CO_2-Zertifikaten. Wenn Atomkraft durch Kohle ersetzt werden würde, würden die CO_2-Preise steigen und dadurch auch die Gelder für den Klimafonds gemindert.

Die Wirkungen auf den Strompreis sind ambivalent. Es gibt genauso viele preistreibende wie -senkende Faktoren durch den Umbau hin zu mehr erneuerbaren Energien. Da Deutschland im europäischen Vergleich ohnehin ein hohes Strompreisniveau hat, wird es vermutlich nur leichte Preisanstiege geben. Preissteigernd wirkt der Strompreis an der Börse, wo er durch eine Angebotsverknappung eher steigen wird. Wenn Atom durch Kohle ersetzt wird, steigen überdies die CO_2-Preise, auch dieser Effekt würde den Strompreis ansteigen lassen. Auch der Netzausbau wirkt leicht preissteigernd, obwohl das Ausmaß überschaubar sein wird, eine Milliarde Euro Investitionen würde den Strompreis nur um 0,3 Cent pro Kilowattstunde steigen lassen. Preissenkend hingegen wirkt die Förderung erneuerbarer Energien, denn die Umlage sinkt mit erhöhtem Börsenpreis. Auch die Importe wirken preissenkend, da der Strom aus dem Ausland billiger ist. Auch die Zunahme des Wettbewerbs könnte sich senkend auf den Preis auswirken. Da neue Kapazitäten entstehen, drängen vermutlich auch neue Wettbewerber auf den Markt, durch mehr Wettbewerb sinken die Strompreise. Kernenergie ist und bleibt eine Technik der Vergangenheit, nicht der Zukunft. Das war vor der Katastrophe so und ist auch nach der Katastrophe in Japan so. Die Atomkrise kann genutzt werden, die Energiewende einzuleiten. Die Energiewende hin zu einer deutlich verbesserten Energieeffizienz und dem erhöhten Einsatz von erneuerbaren Energien schafft mehr Chancen als Risiken. Durch gezielte Investitionen in innovative Energie- und Mobilitätsmärkte können Energiekosten gespart, Wettbewerbsvorteile und Arbeitplätze geschaffen werden. Die Zukunft gehört den erneuerbaren Energien.

Prof. Dr. CLAUDIA KEMFERT leitet seit April 2004 die Abteilung Energie, Verkehr, Umwelt am *Deutschen Institut für Wirtschaftsforschung* (DIW Berlin) und ist Professorin für Energieökonomie und Nachhaltigkeit an der *Hertie School of Governance* in Berlin. Sie ist Wirtschaftsexpertin auf den Gebieten Energieforschung und Klimaschutz. CLAUDIA KEMFERT war Beraterin von EU-Präsident José Manuel Barroso und Gutachterin des *Intergovernmental Panel of Climate Change* (IPCC). Sie ist eine mehrfach ausgezeichnete Spitzenforscherin und gefragte Expertin für Politik und Medien.

ENERGIEWENDE FÜR EUROPA

Hundert Prozent erneuerbar statt Milliarden für die atomare Sackgasse

von SVEN GIEGOLD

Am 25. März 1957 unterzeichneten die Regierungschefs der sechs Gründungsmitglieder der Europäischen Gemeinschaft die Römischen Verträge. Damit gründeten sie neben der Europäischen Wirtschaftsgemeinschaft die Europäische Atomgemeinschaft (Euratom) und legten so das Fundament für Erforschung und Ausbau der Atomenergie in Europa. In der Präambel des Vertrags wird die Kernenergie als »unentbehrliche Hilfsquelle für die Entwicklung und Belebung der Wirtschaft und für den friedlichen Fortschritt« bezeichnet. Ausdrückliches Ziel ist es zudem, »die Voraussetzungen für die Entwicklung einer mächtigen Kernindustrie zu schaffen«.[28] Beides ist ohne Zweifel gelungen. Der Ausbau der Atomenergie wurde ab den 1960er Jahren stark vorangetrieben. Die Energiekonzerne entwickelten sich nicht zuletzt aufgrund ihrer Atomkraftwerke zu wirtschaftlich und politisch einflussreichen Akteuren.

Der Nutzung der Atomenergie kommt in den einzelnen EU-Staaten heute ein höchst unterschiedlicher Stellenwert zu. Während Frankreich drei Viertel seines Stroms aus nuklearen Brennstoffen gewinnt,[29] ist die Atomkraft in Österreich seit 1999 per Verfassung verboten. Ein in den siebziger Jahren gebauter Meiler wurde nach einem Volksentscheid nie in Betrieb genommen. In Italien wurde nach dem GAU in Tschernobyl per Volksentscheid der Betrieb aller Reaktoren eingestellt. Und in Deutschland brachte der Beschluss der schwarz-gelben Bundesregierung zur Laufzeitverlängerung der Atomkraftwerke und die nukleare Katastrophe in Japan zuletzt eine Viertelmillion Menschen auf die Straße. In Frankreich gibt es seit Fukushima eine erneuerte kontroverse Diskussion über die Rolle der Atomenergie, nachdem schon vorher die früheren Blockaden gegen die Erneuerbaren erheblich abgebaut wurden.

Nichtsdestotrotz besteht der Euratom-Vertrag bis heute in fast unveränderter Form weiter. Die Atomindustrie hält sich mit ihren EU-weit 143 Meilern in Zeiten des Klimawandels für eine CO_2-arme und sichere Energieversorgung Europas für unverzichtbar. Zwar stellt die globale Klimakrise ohne jeden Zweifel eine der größten Herausforderungen unserer Zeit dar. Sie mit dem Weiterbetrieb der Atomkraftwerke lösen zu wollen, ist jedoch genauso unverantwortlich wie weiter unbegrenzt CO_2 in die Luft zu blasen. Stattdessen müssen wir unsere Energieversorgung genauso grundlegend erneuern, wie unsere Lebens- und Wirtschaftsweise. Atomausstieg und eine klimafreundliche

Energieversorgung sind keine Alternativen – beide Projekte müssen mit dem größtmöglichen Eifer vorangetrieben werden.

Nun besteht die Chance, europaweit mit dem raschen Umstieg auf erneuerbare Energien ernst zu machen. Die Europäische Einigung war als Friedensprojekt eine für frühere Generationen fast unvorstellbare Erfolgsgeschichte. Sie war dabei sogar so erfolgreich, dass ihr diese Quelle der Legitimation zunehmend abhandenkommt. Heute stehen die europäischen Staaten vor einer erneuten historischen Herausforderung: Es geht darum, Wohlstand unter den Bedingungen der Globalisierung mit den ökologischen Grenzen des Planeten einerseits und sozialer Gerechtigkeit anderseits zu verbinden. Dieses Ziel ist wie die Bewahrung des Friedens nur gemeinsam europäisch zu erreichen. Zum einen sind viele wichtige Elemente des sozial-ökologischen Umbaus nur in einer großen wirtschaftlichen Einheit effektiv zu schultern. Zum anderen braucht es die europäische Gemeinsamkeit auf der internationalen Bühne. Nur ein geeintes Europa hat eine ausreichend laute Stimme, um sozial-ökologischen Zielen auch international Gehör zu verschaffen. Gemeinsam könnte Europa so zum Beispiel dafür werden, wie sich Wohlstand und Nachhaltigkeit im 21. Jahrhundert vereinbaren lassen. Ein solches Europa wäre nach innen wie nach außen ein attraktives Modell, das die großartige europäische Idee mit neuer Ausstrahlungskraft versehen könnte.

Doch die Versorgung Europas mit hundert Prozent

erneuerbaren Energien ist nicht nur moralisch gebo-
ten, sondern auch ökonomisch erstrebenswert. Denn
Investitionen in erneuerbare Energien schaffen schon
heute allein in Deutschland in etwa 370 000 Jobs, ein
EU-weiter Green New Deal könnte diese Dynamik
noch verstärken. Zwar liegen die meisten Kompeten-
zen in der Energiepolitik nach wie vor auf nationaler
Ebene, doch um die Energiewende zu bewerkstelligen,
muss sie zu einem gemeinsamen europäischen Projekt werden. Bislang kann davon jedoch keine Rede
sein. Kurz nach dem GAU in Japan kündigte Energie-
kommissar Günther Oettinger zwar noch vollmundig
europaweite Stress-Tests für alle Atomreaktoren an.
Doch statt die bekannten Pannenmeiler mit sofortiger
Wirkung vom Netz zu nehmen, verständigten sich
die Mitgliedsländer im Europäischen Rat kurz darauf
lediglich auf eine freiwillige Überprüfung ohne konkret benannte Folgen. Doch anders als die Sicherheitsstandards macht die radioaktive Strahlung im Falle eines Reaktorunfalls nicht an Landesgrenzen halt. Selbst
wenn also einzelne Staaten mit der Sicherheit ernst
machen und aus der Atomkraft aussteigen, sind sie
weiterhin der Bedrohung durch die Atomkraftwerke
ihrer Nachbarländer ausgesetzt.

Dass wir dieses Sicherheitsrisiko nicht in Kauf
nehmen müssten, belegen zahlreiche Studien, die den
europäischen Umbau der Energieversorgung durch-
buchstabieren. So rechnet Greenpeace[30] vor, dass die
Stromversorgung in Europa[31] schon im Jahr 2030 zu
68 Prozent auf regenerativen Energien basieren könn-

te. Atom- und Kohlekraftwerke würden zu diesem Zeitpunkt mit zehn Prozent nur noch eine Nebenrolle spielen und bis 2050 ganz abgeschaltet. Das Öko-Institut rechnet in einer ähnlichen Studie[32] mit einem Anteil erneuerbarer Energien an der Stromversorgung in der EU von 39 Prozent 2020, 60 Prozent 2030 und 94 Prozent 2050. Der letzte Atomreaktor müsste in diesem Szenario 2040 vom Netz gehen. Auch eine Studie der European Climate Foundation bescheinigt die technische und ökonomische Machbarkeit einer zu hundert Prozent erneuerbaren Energieversorgung bis 2050.[33] Für ein Szenario von achtzig Prozent erneuerbare Energien bis 2050 zeigt die Studie, dass die Mehrkosten bei realistischen Annahmen gering wären.

Dass dieser grundlegende Strukturwandel unserer Energieversorgung eines starken politischen Willens bedarf, macht ein Blick auf das vom Öko-Institut errechnete Referenzszenario deutlich, das sich auf aktuelle Beschlüsse in der Energiepolitik stützt: Der Ausstieg aus der Atomkraft beginnt hier erst im Jahr 2030 und der Anteil erneuerbarer Energien an der Stromversorgung beträgt im Jahr 2050 lediglich 46 Prozent.

So ist auch im Rahmen der Leitstrategie der EU »Europa 2020« keine Rede von einem Atomausstieg. Mit der »Flagship Initiative« für ein ressourceneffizientes Europa[34] wird zwar eine »Low-Carbon-Economy«[35] angestrebt, was klimafreundlich und zukunftsweisend klingen soll, die Nutzung der Risikotechnologien Kernkraft und Kohlenstoffabscheidung und -speicherung (CCS) aber keinesfalls ausschließt. Auch die

dort formulierten Ziele (zwanzig Prozent Emissions-
senkung, zwanzig Prozent Effizienzsteigerung und
zwanzig Prozent erneuerbare Energien bis 2020) sind
ein sprachlicher Hingucker, zeugen aber nicht gerade
von politischer Willenskraft. Fraglos war es ein Erfolg,
dass das Europaparlament das Zwanzig-Prozent-Er-
neuerbare-Energien-Ziel gegen den Rat der Mitgliedsländer durchgesetzt hat und es auch mit Sanktionen
versehen hat. Im Angesicht der Erfordernisse erscheint
das Ziel jedoch zu beschränkt. Um die Geschwindigkeit des Umbaus weiter zu erhöhen, hat sich das deutsche Erneuerbare-Energien-Gesetz als erfolgreichstes
Umbauinstrument erwiesen. Die verlässliche, kosten-
deckende Vergütung des erzeugten Stroms samt Ab-
nahmegarantie durch die Netzbetreiber hat sich inzwischen als der politische Exportschlager schlechthin
erwiesen. Über fünfzig Staaten haben das Gesetz inzwischen kopiert. Die Kosten für die Produktion
von erneuerbarer Energie sind mit der massenhaften
Markteinführung dramatisch gefallen. Eine Kilowattstunde (peak) Photovoltaikleistung kostete 1988 noch
15 000 Euro, im März 2011 sind es nur noch 2600 Euro.
Vergleichbares gelang auch bei der Windenergie. Die
Fördersummen pro Kilowattstunde konnten drastisch
gesenkt werden. Dieser Erfolg hat dazu geführt, dass
kompliziertere, angeblich marktwirtschaftlichere Instrumente wie Versteigerungen genauso im Ausster-
ben sind wie planwirtschaftlichere Quotenmodelle der
Förderung. Überall in Europa setzt sich das Modell
des Erneuerbare-Energien-Gesetzes durch.

Der Ausstieg aus Kohle und Atomkraft ist in diesem Zuge auch technisch erforderlich, da die schwerfälligen Grundlastkraftwerke mit einer auf erneuerbaren Energien beruhenden Energieversorgung schlichtweg nicht kompatibel sind. Zwar ist es richtig, dass Strom aus Wind und Sonne natürlichen Schwankungen unterliegt, die ausgeglichen werden müssen. Doch Atom- und Kohlekraftwerke sind dafür gleichermaßen ungeeignet. Denn Grundlastkraftwerke sind darauf ausgelegt, konstant eine große Strommenge zu produzieren. Man kann sie nur sehr begrenzt hoch- oder herunterfahren. Das führt dazu, dass in Spanien schon heute Windkraftanlagen teilweise stillstehen müssen, um dem Atomstrom Platz zu machen. In Deutschland zwingt der gesetzlich festgelegte Vorrang von Strom aus erneuerbaren Energien die Stromkonzerne an manchen Tagen, ihren Strom aus herkömmlichen Kraftwerken zu Negativpreisen zu verkaufen.[36]

Um Bedarfsspitzen auszugleichen, sind statt der schwerfälligen Grundlastkraftwerke flexible Lösungen wie zum Beispiel Strom aus Biomasse- oder Blockheizkraftwerken notwendig. Auch dem Ausbau von Speichermöglichkeiten und Investitionen in die Netzinfrastruktur kommt eine entscheidende Rolle zu. Hier kann europäische Zusammenarbeit die Kosten scharf reduzieren. Die großen norwegischen Pumpspeicherwerke sind deutlich kostengünstiger als die derzeitige dezentrale Speichertechnologie.

Denn auf dem Strommarkt der Zukunft wird sich nicht wie bisher das Angebot an der Nachfrage, sondern der Verbrauch verstärkt am aktuellen Angebot orientieren. Intelligente Netze, sogenannte Smart Grids, werden für eine effizientere Nutzung des vorhandenen Stromangebots sorgen, Smart Meters zeigen an, wann Strom in großen Mengen zur Verfügung steht und damit besonders billig ist. Doch auch wenn das dritte Energiemarktpaket der EU die Ausstattung von achtzig Prozent der europäischen Haushalte mit den Geräten bis 2020 vorsieht, haben bisher nur einzelne Länder[37] mit der flächendeckenden Installation begonnen.[38]

Die Einsparungen durch Investitionen in eine effizientere Infrastruktur werden allein jedoch nicht ausreichen. Auch in anderen Bereichen gehen große Mengen an Energie verloren. Bei den privaten Haushalten verschwenden wir Energie durch ungenügende Wärmedämmung im Altbestand, veraltete Heizungsanlagen oder stromfressende Geräte. In der Industrie liegen große Effizienzreserven. Die Umstellung der Produktionsverfahren sowie der Produkte selbst in Richtung Ressourcen- und Energieeffizienz ist die derzeit größte Stromsparbüchse. Jede Tonne Material, die gar nicht erst eingesetzt wird, erspart gleichzeitig Energie. Hier passiert freiwillig schon erfreulich viel. Doch das Tempo ist noch viel zu gering. Die weitere Förderung von Energie- und Ressourceneffizienz in der Produktion sollte ganz oben auf der ökologischen Agenda stehen.

In der Erzeugung sogenannter Negawatts liegt das größte und günstigste Potenzial für den Umbau zu den

Erneuerbaren. Denn jede Kilowattstunde, die nicht erzeugt werden muss, braucht nicht an erneuerbarer Kapazität aufgebaut werden. Deshalb ist so wichtig, dass auch das Zwanzig-Prozent-Energieeffizienz-Ziel in der EU verbindlich wird, also mit Sanktionen durchgesetzt wird, wenn Mitgliedsländer es weiter ignorieren.

Ein großer Vorteil erneuerbarer Energien ist die Möglichkeit der dezentralen Erzeugung und der vielfachen Formen der Beteiligung: Der Strom kann dort produziert werden, wo er gebraucht wird, und muss nicht erst über lange Strecken transportiert werden. Das ist nicht nur effizienter, es setzt auch eine interessante gesellschaftliche Dynamik in Gang. Denn die Energiewende wird schon heute von vielen Menschen getragen, die in erneuerbare Energien investieren und sich mit Solarzellen und -kollektoren, Wärmepumpen und Blockheizkraftwerken vom Strom der großen Energiekonzerne unabhängig machen. Immer mehr Menschen beteiligen sich an dieser ökonomisch-ökologischen Umbaubewegung – als Arbeitnehmer oder Unternehmer, als Investor oder Ökostrom-Konsumenten, als Photovoltaik-Nutzer oder Anti-AKW-Protestler. Alle, die schon dabei sind, werden auch die notwendigen weiteren politischen Veränderungen viel eher unterstützen.

Gerade für ländliche Regionen bieten grüne Jobs und Unternehmungen eine vielversprechende Perspektive. Überall in Europa leiden ländliche Räume unter Abwanderung und Verlust der Wertschöpfungsbasis. Die Produktion von erneuerbaren Energien und Rohstoffen braucht vor allem Fläche. Genau deren Vorhandensein macht den ländlichen Raum besonders und prädestiniert. Mancherorts sind ganze Orte oder Regionen in ihrer Energieerzeugung autonom. In Deutschland erzeugen bereits 74 Landkreise und Kommunen ihren Strom zu hundert Prozent aus erneuerbaren Energien, zahlreiche Starter-Regionen verfolgen im Rahmen des vom Bundesumweltministerium geförderten »Hundert-Prozent-EE-Regionen-Projektes« dasselbe Ziel.[39] Letztlich können ländliche Räume neben dem Export von landwirtschaftlichen Produkten und Erholung mit den erneuerbaren Energien ein weiteres Exportgut erschließen. Eine Vorreiterrolle kommt auf diesem Gebiet mit Sicherheit den Stromrebellen aus Schönau zu. Die bürgereigenen Elektrizitätswerke (EWS) versorgen nicht nur die Menschen der Schwarzwaldgemeinde mit Energie, sondern beliefern Haushalte in ganz Deutschland mit atom- und kohlefreiem Strom. Seit 1997 ist auch das örtliche Stromnetz in der Hand der EWS und die Gemeinde in ihrer Stromversorgung damit vollständig autonom.[40]

Europa bietet jedoch Chancen über den dezentralen Ausbau der erneuerbaren Energien hinaus. Durch transeuropäische Stromnetze können Erneuerbare-Energie-Anlagen in den Regionen aufgestellt werden, wo sie am ertragreichsten und damit am kostengünstigsten sind. Der dezentrale Ausbau kann sich mit zentralen Elementen wie großen Offshore-Windparks oder großen Solarkraftwerken im Mittelmeerraum ergänzen. Anders als oftmals behauptet, verbietet sich hier ein Denken in »Entweder-oder«-Kategorien. Weder wird der Umbau zu den Erneuerbaren als astronautenartig geplanter Masterplan à la Desertec zu schaffen sein, noch ist jedes zentrale Element beim Umbau Teufelszeug. Erneuerbare Großkraftwerke können parallel zum dezentralen Umbau Schritt für Schritt geplant und vorangebracht werden.

Vergleicht man direkte und indirekte staatliche Förderungen für atomare und erneuerbare Energien, so entpuppt sich der billige Atomstrom schnell als Mythos. Ganz im Gegenteil handelt es sich bei dieser hochriskanten Technologie um eine der am stärksten subventionierten Formen der Stromerzeugung.[41] Während in anderen Bereichen der EU staatliche Beihilfen verboten sind, schafft der Euratom-Vertrag die rechtliche Voraussetzung für eine extreme wettbewerbsrechtliche Verzerrung in der Energiewirtschaft.[42]

Im Umkehrschluss bedeutet das auch, dass für die Umstellung auf erneuerbare Energien insgesamt nicht mehr Geld ausgegeben werden muss. Zunächst einmal müsste das vorhandene Geld anders verteilt werden.[43] In den Jahren 1974 bis 2008 entfielen 64 Prozent der Ausgaben für Forschung und Entwicklung im Energiesektor der OECD-Staaten auf die Atomenergie, erneuerbare Energien schlugen lediglich mit zehn Prozent zu Buche.[44] Und obwohl sich das Verhältnis zugunsten der erneuerbaren Energien ändert, fließt nach wie vor das meiste Geld in die Kernforschung.

Das Budget der Europäischen Atomgemeinschaft zu Forschungs- und Ausbildungszwecken im Nuklearbereich beläuft sich für den Zeitraum 2007 bis 2011 auf 2,75 Milliarden Euro.[45] Dieses Geld dient zwar auch der Forschung im Bereich der nuklearen Sicherheit. Einen Großteil verschlingt aber absurderweise die Erforschung der Fusionstechnologie. Die Kosten für den Bau des geplanten Testreaktors ITER haben sich inzwischen verdoppelt. In den beiden kommenden Jahren werden zusätzlich zu den Mitteln aus dem Euratom-Rahmenprogramm 1,4 Milliarden Euro aus dem EU-Haushalt in das Projekt fließen.[46] Im Europäischen Parlament stimmte allein die grüne Fraktion geschlossen gegen die Bewilligung dieser Gelder. Doch ohne massive Subventionen wird die Technologie auch auf lange Sicht nicht auskommen, und gebraucht wird sie in einem postatomaren Zeitalter ohnehin nicht.

ITER scheint wie ein Dinosaurier aus einer längst vergangenen Epoche, in der nichts den Glauben an die technische Naturbeherrschung durch den Menschen erschüttern konnte. Die gleiche Handschrift trägt der Euratom-Vertrag. Wenn es selbst im atomgläubigen Frankreich kein Tabu mehr ist, die herkömmliche Energieerzeugung in Frage zu stellen,[47] ist dieser Vertrag nicht mehr zeitgemäß. Die Atomenergie ist ein Kind der fünfziger Jahre. Heute ist sie ein Auslaufmodell. Euratom muss deshalb von einem Atomförderungs- in einen Atomausstiegsvertrag umgewandelt werden.

Die Europäische Union kann dagegen eine zentrale Rolle spielen beim Umbau der Energieversorgung auf die Energieeffizienz und erneuerbare Energien. Im europäischen Maßstab wird der Prozess letztlich kostengünstiger und politisch weltweit mehr Ausstrahlungskraft entfalten. Bei aller Begeisterung für die europäische Dimension des Umstiegs sollten wir auf europäische Entscheidungen auch nicht warten. Ohne das deutsche Vorpreschen beim Erneuerbare-Energien-Gesetz wäre die europäische Dynamik heute vermutlich nie entstanden. Europa kann am besten beschleunigen und verbreiten, was dezentral und in den Mitgliedsländern bereits erfolgreich klappt. Europa wirkt wie ein Beschleuniger und Multiplikator, nicht wie ein großer Erfinder. In diesem Sinne bleibt der ökologisch-soziale Umbau der Energieversorgung eine Tagesaufgabe für alle.

SVEN GIEGOLD, geboren 1969, absolvierte ein Studium der Erwachsenenbildung, Politik und Wirtschaftswissenschaften in Lüneburg, Bremen und Birmingham, Masterabschluss in Wirtschaftspolitik und -entwicklung. Er war von 1986 bis 2001 in der Jugend-Umweltbewegung aktiv, hat 2000 Attac Deutschland mitbegründet und seit 2002 an der europäischen Attac-Koordination mitgearbeitet. 2008 trat er Bündnis 90/Die Grünen bei und sitzt für sie seit Juni 2009 im Europäischen Parlament.

MELTDOWN
von GAYLE TUFTS

Growing up in American Suburbia der sechziger Jahre, war meine Verbindung mit der Natur sehr limitiert.
Der Apfelbaum in unserem Vorgarten, das Müllver-
brennungsdepot am Samstag und der Strand auf Cape
Cod im Sommer – das war's. Als Familie haben wir
gerne Baseball im Fernsehen gesehen, statt es im Park
zu spielen, und mein einziges Wintersport-Erlebnis
war meine präpubertierende Verliebtheit in Skirenn-
lauf-Champion Jean-Claude Killy während der Win-
terolympiade 1968.

Ich war ein pummeliges Kind, und ich habe mich
sehr früh für Drinnen statt für Draußen entschieden. Während die anderen Kinder auf dem Schulhof
schwitzend in der prallen Sonne tobten, war ich in
der kühlen Ruhe der Bibliothek glücklich. Nachmit-
tags war ich beim Stepptanzkurs oder im Kinderchor
und danach habe ich gern in unserem Keller gespielt,
wo ich ein kleines imaginäres Fernsehstudio – inklu-
sive Gäste und Crew – aus alten Möbeln, Puppen und
Pappkartons kreierte. Es gab drinnen immer etwas zu
tun.

Als mit den Siebzigern meine Teenager-Reifezeit kam, eröffnete sich eine ganz neue Welt für mich – the Westgate Shopping Mall, das erste in sich geschlossene Einkaufserlebnisparadies in Massachusetts. Meine Mädchenbande konnte nie genug kriegen von der klimakontrollierten Luft mit ihrem überwältigenden Geruchskaleidoskop aus Patschuli-Räucherstäbchen, Erdbeerseife und Pommes. Wir schnupperten uns durch alle Shops und Jahreszeiten und genossen einen Hauch der großen weiten Welt in all ihrer Kultiviertheit, ohne einmal vor die Tür gehen zu müssen.

Das Allerbeste aber war das 1971 eröffnete Westgate Cinema – ein Multiplex mit vier Kinos –, was damals eine Sensation war. Diese vier Leinwände waren für mich die Pforte in ein anderes Universum, jenseits der Grenze meiner jugendlichen Vorstellungskraft. Von »Der Pate« bis zu »Einer flog über das Kuckucksnest – Hollywood war *at it's best* in den Siebzigern – sozialkritisch, intelligent, grandios. Ich saß im dunklen Kinosaal und kriegte eine preiswerte Ausbildung in Soziologie und Politik, einen Blick in den post-Vietnam/post-Watergate traumatisierten amerikanischen Traum. Nicht selten gab es am Wochenende ein Triple Feature – mit nur einer Eintrittskarte schlich ich mich in drei Filme, und in dieser Atmosphäre aus heimlicher, verbotener Neugier, der Angst, entdeckt zu werden, Dehydrierung und langsamer Übermüdung entwickelte ich die Wurzeln einer politischen Paranoia, die ich bis heute spüre.

An einem Samstagnachmittag im März 1979 kam

ich von der Uni nach Hause und fuhr mit meiner Mutter ins Westgate Cinema, um den neuen Michael-Douglas-Film anzusehen. Ma war seit der TV-Serie »Die Straßen von San Francisco« ein bisschen verliebt in Michael Douglas. Zum Glück war es finster im Kino, und niemand konnte sehen, wie ich rot wurde, als sie in ihrer durch die Wechseljahre verursachten hormonellen Ekstase lauthals deklamierte »*If I had that to come home to I wouldn't have any problems ...*«, als Michael Douglas auf dem Leinwand erschien.

Der Film war »The China Syndrome« – ein exzellenter Thriller über einen fiktiven Störfall in einem amerikanischen Kernkraftwerk. Der Titel kommt von dem gebräuchlichen Begriff für Kernschmelze in amerikanischen Atomkraftwerken: der schmelzende Kern »would melt down all the way to China«, er würde sich durch die Erde bis ans andere Ende der Welt nach China schmelzen. Der Film blieb mir unvergesslich – nicht nur wegen der hervorragenden schauspielerischen Leistungen von Douglas, Jane Fonda und einem meisterhaften Jack Lemmon, sondern auch weil zwei Wochen später in Harrisburg, Pennsylvania, das wahre Leben Hollywood überholte.

Vierzehn Tage nach der Premiere von »The China Syndrome«, am 28. März 1979, gab es eine partielle Kernschmelze im Kernkraftwerk *Three Mile Island* in Harrisburg. Die Ursache des Unfalls wurde mit der schlechten Ausstattung des Kontrollraums sowie der »unzureichenden Ausbildung« der Mitarbeiter begründet. Niemand ist gestorben, trotzdem ist es der größte Atomunfall in der amerikanischen Geschichte. Als es passierte, wussten wir das noch nicht. Erfahren haben wir damals sehr wenig, oder fast gar nichts, weil weder Regierung noch Betreiberfirma die Öffentlichkeit informierten. Das einzige Statement kam nach 28 Stunden von Vize-Gouverneur William Scranton: »Everything is under control.« Drei Tage später waren 140 000 Bewohner der Region evakuiert, weil ein radioaktives Gas-Krypton ausgeströmt war und die Region verstrahlte. Wir wussten schnell, dass alles außer Kontrolle war.

Amerika am Ende der Siebziger war fertig mit den Nerven, erschüttert von Richard Nixon, Vietnam, Ölkrise, Arbeitslosigkeit und the neverending Cold War. Die Schockwelle, die die Ermordung von John F. und Bobby Kennedy sowie Martin Luther King ausgelöst hatte, war noch nicht zu Ende. Die oscarprämierten Filme 1979 waren »The Deer Hunter« und »Coming Home« – düstere Familiendramen voller Vergangenheitsbewältigung. Selbst Woody Allen, der New Yorker Comedy-Jedermann, produzierte »Interiors«, seinen depressivsten Film überhaupt. Unser Vertrauen war verloren, *Three Mile Island* schmolz durch bis nach China, nichts war unter Kontrolle.

Plötzlich hörte man immer wieder das Wort MELT-DOWN, welches schnell zu einer persönlichen Beschreibung unserer kollektiven, bürgerlichen Angst wurde. Wenn ich an mein Zuhause im Jahre 1979 denke, erinnere ich mich an die fast stündlichen Wutausbrüche meiner von Hitzewellen geplagten menopausierenden Mutter: »YOU KIDS STOP! I swear to God, I am having a *MELTDOWN!!!!*« Ich wollte ihr helfen, aber hatte keine Ahnung, wie – I was freaking out myself.

Pennsylvania ist nur 150 Kilometer von New York entfernt, und nur weitere 350 Kilometer von Brockton. Which way would the wind blow? Was ist mit dem Wasser?

Ich dachte sofort an die Niagara-Fälle und den Giftmüllskandal von Love Canal 1978. Love Canal! Der Ort im Bundesstaat New York in der Nähe der Weltwunder-Wasserfälle an der kanadischen Grenze trägt einen Namen wie ein weibliches Geschlechtsteil und war der Ort des größten Umweltskandals, ein Jahr vor *Three Mile Island*.

Die Geschichte ist filmreif. 1890 wollte Unternehmer William T. Love die ideale Stadt für 600 000 Menschen bauen und fing mit dem Stadtkanal an. Das Projekt scheiterte. Nach dem Zweiten Weltkrieg wurde das Kanalbett als Mülldeponie benutzt, unter anderem von der U.S. Army, um Abfälle aus Versuchen mit chemischen Kampfstoffen zu vergraben. In den Sechzigern baute die Stadt auf dem zugeschütteten Müll billige Einfamilienhäuser für Babyboomer-Familien und erzählte den Bewohnern nie etwas über den Giftmüll, der voller böser Überraschungen steckte. Auf den Grundstücken lebten die glücklichen Familien, bis die Kinder krank wurden und die Nachbarn Krebs kriegten und Fehlgeburten hatten. Eine tapfere Frau namens Lois Gibbs kämpfte gegen die Autoritäten, gründete eine Anwohnerinitiative, und schaffte es gegen alle Widerstände der Pharma- und Militärlobby, dass Präsident Jimmy Carter – ein ehemaliger Kernphysiker – das Gelände 1978 zum Katastrophengebiet erklärte.

Zehn Jahre später war ich auf einer Tournee Sängerin und Tänzerin in einer Open-Air-Tanztheater-Performance im Artpark, eine tolle Kulisse unweit der Niagara-Fälle. Trotz eines heftigen, sommerlichen Gewitters tanzten und tobten wir durch den knöcheltiefen Schlamm für unser durchnässtes Publikum. Während ich ohne Mikrophonverstärkung »Stormy Weather« schrie, musste ich mich mehrmals auf den matschigen Boden schmeißen. Ich dachte an Lois Gibbs und ihre Nachbarn, an die Bewohner downwind von *Three Mile Island*, an Jane Fonda in »Das China-Syndrom« und wollte nur noch – nach Drinnen.

GAYLE TUFTS, geboren 1960 in Boston, Massachusetts, arbeitet als Autorin, Sängerin und Entertainerin. Ihre Bücher *Miss Amerika* und *Weihnacht at Tiffany's* sind im Aufbau Verlag erschienen.

BAYERN WIRD ERNEUERBAR

von FRANZ ALT

Die Vision eines umweltfreundlichen, energieautarken Bayern ist an vielen Orten bereits Realität. Bayerns Energieversorgung ist zu hundert Prozent erneuerbar. Als ich vor zwanzig Jahren mein Buch »Die Sonne schickt uns keine Rechnung« schrieb, meinte ich, Europa, Deutschland und Bayern seien etwa um 2050 zu hundert Prozent erneuerbar. Heute haben wir schon viele konkrete Beispiele dafür, dass dieses Ziel wesentlich früher erreicht werden kann.

Die Gemeinde Wilpoldsried im Allgäu produziert schon 2011 weit mehr Ökostrom, als alle 2500 Wilpoldsrieder verbrauchen. Der lokale Energiemix besteht aus fünf Windrädern, Photovoltaik- und Biogasanlagen sowie drei kleinen Wasserkrafträdern. Allein die Windräder erzeugen mehr Strom, als die Gemeinde insgesamt verbraucht.

Zwei Windräder im oberpfälzischen Pilsach erzeugen jedes Jahr etwa acht Millionen Kilowattstunden Ökostrom, Elektrizität für 770 Haushalte.

Die Stadt Merkendorf liegt im Landkreis Ansbach. Auch hier liefern über hundert Photovoltaik-Anlagen und zwei Biogasanlagen mehr Strom, als die Merkendorfer selbst verbrauchen. Dieser Überschuss-Strom wird verkauft, und die Stadtwerke verdienen damit Millionen Euro. Die Stadt lebt gut mit den erneuerbaren Energien, denn 150 zukunftsfähige Arbeitsplätze sind bei den Firmen der Ökoenergien entstanden, die sich hier angesiedelt haben. Und der Bürgermeister freut sich über hohe Gewerbesteuer-Einnahmen. Das Geld der Kommune bleibt in der Kommune und wandert nicht zu arabischen Ölscheichs oder zu Putins Gas-Baronen.

Der Landkreis Donau-Ries ist Biogas-Weltmeister – so wie ganz Bayern schon seit Jahren Solar-Weltmeister ist. Donau-Ries produziert jährlich 246 Millionen Kilowatt Biogas aus 67 Anlagen. Jetzt wollen viele Landwirte große Freiflächen-Photovoltaik-Anlagen auf ihren Wiesen errichten. Die Schafe werden weiter grasen können. Immer mehr Landwirte werden Energiewirte, und es geht ihnen ökonomisch besser mit der ökologischen Energiegewinnung – besser als den Milchbauern. Landwirte können die Ölscheichs des 21. Jahrhunderts werden.

Im Großraum München setzen immer mehr Städte und Gemeinden auf Geothermie – auf Energie aus der heißen Erde – wie es Unterhaching schon seit Jahren tut. Insgesamt sind zurzeit fünfzehn Erdwärme-Großprojekte wie in Unterhaching in Planung. Die Gemeinde Unterhaching erzeugt bereits umweltfreundlich Strom und Wärme aus Erdwärme für mehr als 20000 Menschen. Allein durch dieses Projekt wer-

den der Umwelt jedes Jahr 30 000 Tonnen Treibhausgase erspart.

Der Landkreis Freising hat schon vor vielen Jahren
beschlossen, bis zum Jahr 2030 zu hundert Prozent
seine Energie erneuerbar selbst zu erzeugen.

Die Stadtwerke München werden bereits in weni-
gen Jahren ihre Privatkunden ausschließlich mit Öko-
strom beliefern und bis 2025 auch die Wirtschaft in
München. Die Stadt Nürnberg verkauft seit 2009 ihren
Privatkunden ausschließlich erneuerbare Elektrizität.
Ein weiß-blaues Energiewunder.

Der Landkreis Neumarkt wurde geradezu zum
Modell für den Ausbau der erneuerbaren Energien.
Der CSU-Landrat Albert Löhner hatte schon 1996
bei seiner Amtsübernahme das Ziel vorgegeben: »Wir
werden zu hundert Prozent energieautark.« Dieser
Landkreis im geografischen Herzen Bayerns ist ein
energiepolitischer Leuchtturm. In diesen Tagen der
Reaktorkatastrophe in Fukushima fragen sich viele
führende CSU-Politiker, warum sie sich Neumarkt
nicht zum Vorbild genommen haben. Ihre plötzliche
Absage an die Atomkraft wäre dann glaubwürdiger.
Es ist nicht immer leicht nachvollziehbar, wenn Politiker, die jahrzehntelang auf die »sichere Atomkraft«
setzten, sich jetzt als Solarfreunde ausgeben. Aber in
Neumarkt kommen schon heute bereits über vierzig
Prozent des Stromverbrauchs aus erneuerbaren Quellen – und zwar aus Sonne, Wind und Biomasse und
zum geringen Teil auch aus Wasserkraft. »Es ist doch
längst erkennbar, dass sich ein Flächenland wie Bay-

ern problemlos zu hundert Prozent mit heimischer, erneuerbarer Energie versorgen kann. Das stärkt die heimische Wirtschaft, bringt Arbeitsplätze und schont die Umwelt«, sagt der CSU-Landrat.

Albert Löhner hat einen »Innovationskreis Energie« gegründet und bereits siebzehn Windräder installieren lassen – weitere fünfzehn sollen gebaut werden. Der Landrat ist geradezu entsetzt darüber, wie sträflich der Ausbau der Windkraft in Bayern vernachlässigt und bürokratisch verhindert wurde.

Was aber sagt Löhner zu dem Vorwurf, Windräder verschandelten die Landschaft? »Optische Geschmacksfragen zählen nicht, wenn es um sichere Energieversorgung geht. Man kann nicht gegen alles sein. Irgendwo muss unser Strom ja produziert werden.« Der CSU-Mann findet Windräder schöner als Atomkraftwerke. Er stellt auch unseren bisherigen Lebensstil der Energieverschwendung in Frage: »Es ist nicht zu verantworten, dass wir heute die Zukunft unserer Kinder verbrennen. Wir müssen endlich lernen, die Schöpfung zu bewahren. Die Basis dafür sind die erneuerbaren Energien. Denn ohne Energie geht gar nichts.« Löhners Politik hat zu einer völlig neuen politischen Kultur in seinem Landkreis geführt. Alle Energie-Entscheidungen werden im Kreistag einstimmig getroffen. »Da gibt es nur noch Konsens.«

Auch im Süden Deutschlands setzen immer mehr Unternehmen auf die Windindustrie. Deutschlandweit sind in der Windbranche bereits 100 000 neue Arbeitsplätze entstanden, 10 000 in Bayern. Bosch-

Rexroth hat vor kurzem in Nürnberg ein Werk für die Produktion von Windradgetrieben eröffnet, 280 Arbeitsplätze sind es heute, 700 sollen es werden.

Siemens setzt in ganz großem Stil auf den Bau von Windparks im Meer.

Noch ist Bayern bei der Installation von Windmühlen Entwicklungsland. Sachsen-Anhalt hat ähnliche Windverhältnisse wie der Freistaat, aber beinahe hundertmal mehr Windräder. Wenn der angeblich neue Energiekurs von Horst Seehofer und seinem Umweltminister Söder ernst gemeint ist, wird sich dieses Missverhältnis bald ändern. Es ist ausschließlich eine Frage des politischen Willens und Wollens, die solare Energiewende herbeizuführen. Die Technik ist schon lange vorhanden. Und Bayern ist voller Energie.

Aber heute sieht die Windbilanz noch so aus:

- Bayern: 410 Megawatt installiert, deckt 0,75 Prozent seines Stroms aus Wind und erspart der Umwelt damit 0,4 Millionen Tonnen CO_2
- Deutschland: 240 000 Megawatt installiert, deckt sieben Prozent seines Stroms aus Wind und erspart der Umwelt 35 Millionen Tonnen CO_2
- EU: 65 000 Megawatt installiert, deckt damit vier Prozent des Strombedarfs und erspart 108 Millionen Tonnen CO_2.

Bayern kann in den nächsten Jahren seinen Anteil am Windstrom gut verzwanzigfachen.

Die Energie wird allmählich wie früher wieder dort produziert, wo sie verbraucht wird: in den Regionen. Viele Kommunen, Gemeinden und Stadtwerke werden für den Durchbruch der erneuerbaren Energien sorgen. Die riesigen Stromkonzerne können das aufgrund ihrer zentralistischen Strukturen gar nicht. Sie sind viel zu schwerfällig. Die Energieversorgung von morgen ist aber dezentral. Immer mehr Regionen entdecken, dass die Energieversorgung der Zukunft mit den jetzigen, zu Ende gehenden und gefährlichen Ressourcen nicht mehr gewährleistet ist. Sie werden ihre Verträge kündigen. Energie kann künftig vor Ort und in eigener Regie organisiert werden. Die Renaissance der Stadtwerke hat schon begonnen. Das schafft Umweltschutz, Unabhängigkeit, Freiheit und ist langfristig preiswerter als die alte zentralisierte Energieversorgung.

Dadurch bleibt die Wertschöpfung im eigenen Land, und das Geld fließt nicht weiter in dunkle Öl- oder Gas-Kanäle oder zu den verantwortungslosen AKW-Betreibern.

Noch ein positives Beispiel zum Schluss: Bei Lengfeld in der Oberpfalz wird jetzt der erste Wald-Windpark Bayerns gebaut: Eine grüne Stromquelle für 8000 Familien bzw. für 20000 Menschen. Wind und Wald passen gut zusammen, meinen die Betreiber. Die Regensburger Firma »Ostwind« baut die fünf Windmühlen mit einer Leistung von je 2,3 Megawatt und einer Höhe von 140 Metern. Immer mehr Kommunen wollen endlich weg von den alten Energieversorgern, den vier Besatzungsmächten in Deutschland: RWE, E.on, Vattenfall und EnBW. Bürger – zur Sonne, zur Freiheit!

WIR MACHEN ALLES SELBST

von CHRISTIANE GREFE

Nach der Gemeinderatssitzung braucht Robert Martin dringend ein Glas Apfelschorle. Sein Mund ist trocken, aber der flammende Vortrag hat sich gelohnt: Die Vertreter des Marktes Heiligenstadt werden den Bau weiterer Windkraftanlagen auf den Kuppen des Fränkischen Jura wohlwollend prüfen. Ein kleiner Schritt auf dem Weg zu einem großen Ziel: den Landkreis Bamberg vollständig aus regionalen und erneuerbaren Energiequellen zu versorgen.

Martin arbeitet schon lange Jahre im Landratsamt, doch die neue Aufgabe als Klimaschutzbeauftragter fordere ihn, sagt er, »mit 53 Jahren noch mal richtig heraus«. Die »Energieautarkie« soll nämlich auch noch gemeinsam mit der Stadt Bamberg erarbeitet werden, die mitten im Landkreis liegt. Die Klimaallianz Bamberg haben SPD-Bürgermeister Andreas Starke und CSU-Landrat Günther Denzler vor zwei Jahren in parteiübergreifender Harmonie geschmiedet. Schon 2035 wollen sie den Strom- und Wärmebedarf von 210 000 Einwohnern ganz ohne fossile Nachhilfe decken – ganz schön ehrgeizig.

Hundert Prozent erneuerbar: Bis vor wenigen Jahren galt die Idee als Träumerei. So etwas konnte sich vielleicht eine sturmumbrauste Nordseeinsel wie Pellworm vornehmen. Ein Bilderbuchnest wie Wildpoldsried im sonnigen Bayern, wo jeder jeden kennt und alle mitmachen bei Nahwärmenetzen aus der Abwärme von Blockheizkraftwerken und Austauschaktionen für verschwenderische Heizungspumpen. Oder das zugige Harz-Dorf Dardesheim, das mit einem Riesenwindpark mehr als das Vierzigfache seines Strombedarfs produziert.

Doch inspiriert von solchen Modellen, haben Hundert-Prozent-Projekte mittlerweile landauf, landab »gewaltig Fahrt aufgenommen«, sagt Bene Müller vom regionalen Bürgerunternehmen Solarcomplex, das im deutschen Südwesten schon das siebte Bioenergiedorf plant. Über hundert Kommunen oder Landkreise wollen aufs Ganze gehen, ambitionierter als die Bundesregierung, selbst als die bundesweite Klima-Allianz engagierter Städte. Lauter gallische Dörfer im Reich der großen Energieversorger, doch diese Widerständler sind nicht traditionsverhaftet, sondern Hightechbegeistert. Sie setzen auf eine Energieversorgung, die der besonderen Qualität der erneuerbaren Energien entspricht: Man kann sie dezentral »ernten«, also auch demokratisch über die verfügen. Vom Aller-Leine-Tal bis zum Oberland umfasst das Territorium der wild Entschlossenen schon ein Fünftel Deutschlands.

Darunter sind laut dem Kasseler Verband deENet zunehmend Regionen, in denen Kommunalpolitiker

Energiequellen über die eigene Gemarkung hinaus mit anderen verknüpfen wollen, ähnlich wie Computer über das Internet. Zunächst rechnerisch, denn meist wird der Strom in das allgemeine Netz eingespeist, das zugleich als Verteiler und Speicher dient. In solchen Verbünden mit dem energiebegünstigten Umland wagen sich dann auch größere Städte an die dezentrale Wende; urbane Pioniere wie Kaiserslautern, Ulm/Neu-Ulm oder demnächst Hannover.

Für Bamberg hat das Fraunhofer Institut für Umwelt-, Sicherheits- und Energietechnik der Stadt und den Landkreisgemeinden präzise vorgerechnet, welches Potenzial für sie in Wind, Sonne oder Biomasse steckt. Bisher tragen regenerative Energien nicht mal ein Viertel zur Versorgung bei. Doch wenn die »beachtlichen« Möglichkeiten ausgeschöpft würden, schreiben die Gutachter, dann sei der rasche Umbau bis 2035 realistisch. Vorausgesetzt, dass zehn Prozent des Stroms und rund ein Drittel des Wärmebedarfs eingespart würden; Letzterer macht immerhin siebzig Prozent des Endenergiebedarfs aus. »Alles wurde auf dem aktuellen Stand der Technologien berechnet, aber da wird sich in den nächsten Jahren eine Menge tun …« Es klingt, als wolle Robert Martin sich selber Mut machen.

Ein Solarflächenkataster für Stadt und Land soll nun konkret aufzeigen, wo man erneuerbare Energien ernten kann, ohne dass die Sichtachsen auf das malerische Dachensemble des »fränkischen Rom« verstellt werden; verschärfte Bedingungen, ein Unesco-Weltkulturerbe. Zugleich weisen die Raumplaner Standorte für 260 Windkraftanlagen zwischen Fränkischer Schweiz und Regnitztal aus.

Natürlich müssen die Bürger die Windräder erst akzeptieren, und die Hoffnung ist groß, dass man den medial häufig und oft übertrieben geschilderten »Wutbürgern« im direkten Gespräch in den Kommunen die Notwendigkeit der Energiewende besser vermitteln kann. Auch deshalb ist der Klimaschützer Martin jetzt ständig unterwegs. Und sein Zauberwort heißt: regionale Wertschöpfung.

Den Gemeinderäten von Heiligenstadt zum Beispiel sitzt eigentlich noch der Protest einiger Anrainer in den Knochen, die vor sieben Jahren gegen die ersten vier Rotoren Sturm liefen. Doch im alten Fachwerk-Gemeindesaal horchen die Politiker auf, als Martin die Rechnung aufmacht: Jedes Jahr flössen indirekt rund 750 Millionen Euro Energiekosten aus der Bamberger Klima-Allianz in Gas- und Öl-Lieferländer wie Russland oder Saudi-Arabien ab; Geld, von dem ein großer Teil in der Region ausgegeben werden könnte, wenn Strom und Wärme an Ort und Stelle produziert würden. Hinzu kämen Arbeitsplätze im Handwerk. Plus: Einnahmen aus der Windenergie, wenn die Anlagen von den Bürgern selbst betrieben würden. Plus: Gewerbesteuer. Dass Kommunen und regionale Wirtschaft beim Ausbau erneuerbarer Energien sowohl »Treiber« als auch »Profiteure« seien, bestätigt das Institut für ökologische Wirtschaftsforschung mit eindrucksvollen Zahlen.

So will auch die Stadt Bamberg mit ihrem Stadt-
werk zum Treiber werden. OB Andreas Starke listet
einige Aktivitäten auf: Ausbau der Fernwärmenetze,
Europas erstes Passivhaus-Hallenbad, hohe Energie-
standards bei Neubauten und Altbausanierung. Die
»Sonnenscheine« – Anteile an drei Bürgersolaranla-
gen – gingen weg wie warme Hörnchen.

Manchen geht es nicht schnell genug. Peter Gack
von der Grün-Alternativen Liste zum Beispiel ist
skeptisch: »Ich seh's noch nicht …« Der grüne Stadt-
rat kritisiert zum Beispiel den Widerspruch, dass die
Stadtwerke bisher nicht aus der Planung für das neue
Kohlekraftwerk Brunsbüttel ausgestiegen seien. Vor
allem brauche man mehr Leute in der Verwaltung, um
Geld für Investitionen aufzutreiben oder die Bürger
zur Sanierung ihrer Wohnungen zu bewegen. Doch
mittlerweile wurde eine Energieagentur gegründet, die
sich mit wenigstens etwas mehr Personal an die prakti-
sche Umsetzung machen soll.

Auch im Berliner Umweltministerium wird gesehen, dass der gute Wille der Kommunen oft an Res-
sourcengrenzen stößt. Kommunen haben viel Kritik
an bundespolitischen Gesetzen, etwa bei der Gebäu-
desanierung, wo am meisten Energie eingespart werden könnte. Doch immerhin unterstützt das Röttgen-
Ministerium innovative Hundert-Prozent-Konzepte
aus einem Topf der Nationalen Klimaschutzinitiative.

Neuerdings wird etwa ein wissenschaftlich beglei-
teter Masterplan hundert Prozent Klimaschutz mit
jährlich bis zu 240000 Euro über vier Jahre geför-

dert; dafür bewirbt sich gerade der Landkreis Osnabrück. Auch in dieser von Viehwirtschaft und Mit-
telstand geprägten Region gehen 34 Gemeinden mit
357000 Einwohnern in die Offensive, getragen vom
einstimmigen Beschluss aller Kreistagsfraktionen. Der
verschaffe ihm »eine starke Legitimation«, schwärmt
Kreisrat Winfried Wilkens, »jetzt die Fachbereiche
zum gemeinsamen Nachdenken zu bringen«. Dann
falle den Beamten auf einmal auf, »dass man Grünzeug
an 640 Kilometern Kreisstraßen und alte Wallhecken
auch energetisch nutzen kann«, sagt Wilkens – »auf
so was kommt man nur kommunal«. Oder 110 Kilometer Autobahn im Kreis sollten zum »Solarkorri-
dor« werden, mit von Studenten entworfenem Design:
»Druck macht erfinderisch!« Und der ist hoch: Das
Planungsbüro Graw hat dem Landkreis vorgerechnet,
dass bis 2030 der gesamte Strom aus Sonne, Wind,
Biomasse und Geothermie stammen könnte, die Wärme bis 2040 und bis 2050 womöglich auch die Mobilität. Angesichts dieser Herausforderung hat Aloys
Graw mit bisher 138 Engagierten gleich eine Energie-
genossenschaft namens nwerk gegründet, die den lokalen Stadtwerken mit Effizienzberatung und eigenen
Bürgeranlagen Konkurrenz machen und so die grüne
Wende beschleunigen will.

In der benachbarten Kreisstadt hat man das alles
mit einer Mischung aus Anerkennung und Frust be-
obachtet. Denn während der schwarz-gelbe Landkreis klimapolitisch zwar mit Schwung, aber spät erst
loslegt, ist das von einem SPD-Oberbürgermeister

regierte Osnabrück schon seit den neunziger Jahren ein Vorreiter. Hier wurde vorgerechnet, dass man mit Photovoltaik selbst im deutschen Norden den Strom für alle privaten Haushalte erzeugen kann. Der Radverkehr wurde begünstigt, man erprobt in einem Modell-Stadtviertel die »energetische Intensivstberatung«. »Wir haben als Erste ein Repowering für Windkraftanlagen in der Stadt hingekriegt!«, sagt der städtische Umweltbeauftragte Detlef Gerdts. Und es sind wirklich eindrucksvolle Bilder, wie die mächtigen Masten quer durch die Stadt gekarrt werden.

Über die Jahre gelang es auch, die CO_2-Emissionen deutlich zu senken. Doch wenn man im Stadtgebiet viel Industrie hat – unter anderem einen Eistortenhersteller, der mit 40 000 neuen Kühlpaletten einen großen Teil der erzielten Einsparungen wieder zunichtemacht –, traut man sich nicht, hundert Prozent zu versprechen. Jedenfalls nicht ohne Energie aus dem Landkreis oder einem Windpark in Schottland, an dem die Stadtwerke beteiligt sind. So wird auch die dramatische Bedeutung des Energiesparens und der Effizienz im Konkreten der eigenen Stadt am plastischsten deutlich. Im März haben dann eine Bürgerbewegung und die Handwerkskammer die Stadträte noch überzeugt, sich ebenfalls für den Masterplan zu bewerben. Offenbar gilt: Konkurrenz belebt das Geschäft – und vielleicht am Ende auch die Bereitschaft, zusammenzugehen, wo bisher noch parteipolitische Barrieren im Wege standen?

Ohnehin ist die Marke hundert Prozent so vielgesichtig wie die lokal unterschiedlichen Strategien. So meinen einige Gemeinden damit nur sauberen Strom – andere wollen hundert Prozent Klimaschutz und ihre gesamten CO_2-Emissionen auf null fahren. Die Bamberger haben den Verkehr noch ausgeklammert, der Landkreis Osnabrück den gewaltigen Emissions-Rucksack eines Stahlwerks in Georgsmarienhütte. Die Stadt München lässt nicht nur heimische Sonne und Wasserkraft zählen, sondern auch die Beteiligung ihrer Stadtwerke an einem Offshore-Windpark hoch im Norden.

Überhaupt könnte man fragen: warum das dezentrale Klein-Klein? Bringt Windkraft aus stürmischer See nicht viel mehr oder Wüstenstrom von Desertec aus Nordafrika, verteilt durch neue, zentrale Stromnetze? »Die können dazukommen«, meint Harry Lehmann, Autor mehrerer Hundert-Prozent-Szenarien im Umweltbundesamt. Doch »das regionale Zusammenspiel« hält er beim solaren Umbau »mit hoher Wahrscheinlichkeit für das Sinnvollste«. Dabei könne die vorhandene Infrastruktur auch für zukünftige Technologien genutzt werden; zum Beispiel das Erdgasnetz für solar erzeugtes Methangas. Vor allem lasse sich der Wandel bürgernah am schnellsten vorantreiben: »Die größte Dynamik kommt von unten.«

So sieht es auch Kreisrat Wilkens in Osnabrück: »Wenn Desertec irgendwann mal alle Verträge in Nordafrika gemacht hat und sämtliche dicken Kabel gelegt sind … Wir fangen dann schon mal an.«

CHRISTIANE GREFE, geboren 1957, studierte an der Deutschen Journalistenschule in München Amerikanistik, Politik- und Kommunikationswissenschaften. Redakteurin bei der ZEIT und beim ZEIT-Magazin sowie beim Magazin der Süddeutschen Zeitung. Seit 1999 Redakteurin und Reporterin im Berliner Büro der ZEIT.

DIE EIGENE SONNE

von UWE KRAUSE

»Herzlich willkommen in der Steinzeit!« – da jedenfalls müssten wir uns befinden, wären die Prognosen der Atomkraftbefürworter zutreffend gewesen. Denn mit Vehemenz haben diese bei vielen Menschen durch die Behauptung Ängste ausgelöst: »Werden die Atommeiler ausgeschaltet, gehen die Lichter aus und technologisch fallen wir zurück in die Steinzeit!« Nun sind aber bereits acht von siebzehn Atomkraftwerken vom Netz gegangen, und dennoch flackern die Lichter bei uns nicht einmal!

»Das ist ja steinzeitlich!«, so der Kommentar eines guten Freundes, als er sah, wie ich mit unserer handbetriebenen Brotmaschine das Brot aufschnitt. Sie ist jetzt genau dreißig Jahre alt, aber schneidet noch wie am ersten Tag. Damals hat sie uns hundertzwanzig Mark gekostet, ein stolzer Preis für einen studentischen Haushalt. Ich bin mir aber nicht sicher, was uns mehr weh getan hat, die hohen Anschaffungskosten oder dass wir von unserem Freund für blöd erklärt wurden, als wir ihm unsere Beweggründe darlegten: Strom sparen und langlebige Güter anschaffen! Seit damals gibt es schon die dritte elektrische Brotschneidemaschine im Haushalt unseres Freundes.

Dabei bin ich eigentlich gar nicht technikfeindlich. Ich staune oftmals, was es alles gibt und technisch möglich ist, schüttle allerdings oft genug auch den Kopf darüber, was für ein »Mist« produziert wird, den keiner braucht, der aber unnötigerweise Ressourcen und Energie verschlingt. Dabei misst sich, ob eine Technik sinnvoll ist oder nicht, ja leider nur noch daran, ob sich mit ihrem Verkauf oder Betrieb möglichst viel Geld verdienen lässt.

Auch meine Familie und ich sind davor nicht gefeit und lassen uns im Alltag von allen möglichen neuen Gerätschaften verführen und verwöhnen. Und so ist trotz aller Energiesparlampen im Laufe der Jahre unser Stromverbrauch im Haushalt deutlich angestiegen. Als die Kinder noch klein waren, gab es das Aquarium als Energiefresser, dessen Wasser ständig auf Temperatur gehalten werden musste; heute sind es zudem unsere sechs Computer, mit denen wir arbeiten, stundenlang online sind und entsprechend Strom verbrauchen. Wir probierten – der Werbung und ihrer Vorstellung von einer optimalen Mundhygiene geschuldet – elektrische Zahnbürsten aus, einen elektrischen Dosenöffner der Bequemlichkeit halber und um der Coolness willen auch eine E-Gitarre. Wir gönnen es uns, dass sich das Garagentor elektrisch öffnet und schließt, sowie einen ziemlichen Zuwachs an Unterhaltungselektronik, neuerdings einen großen Flachbildfernseher, der – obwohl energieeffizient – dennoch mehr Strom verbraucht als unser kleiner alter. Meine Anregung, man könnte doch dem allgegenwärtigen Standby-Modus mit dem Ausschalten der Steckerleiste beikommen, fand und findet bis dato kaum Gehör unter dem Hinweis, das ständige »An und Aus« schade den Geräten, oder ihre Programmierung gehe verloren. Und so muss ich zu meiner Schande gestehen, dass wir mit einem Stromverbrauch von ungefähr viertausend Kilowattstunden im Jahr nicht gerade zu den sparsamsten Haushalten gehören. Und dabei kochen wir nicht einmal elektrisch, sondern mit Erdgas. Das Fazit fällt kläglich aus: ICH BIN BEMÜHT, ABER NICHT WIRKLICH ERFOLGREICH!

Und das setzt sich fort. Wir legten aus Überzeugung Ersparnisse in einem Ethikfonds an, gingen dabei aber Betrügern auf den Leim, die unsere Einlage veruntreuten, so dass wir sie abschreiben mussten. Wir investierten in Windkraftanlagen (WKA), aber die Renditen sind gering oder fallen ganz aus. Die Betreibergesellschaft hat Ärger aufgrund entgangener Energieeinspeisung wegen Netzüberlastung und Rissen im Fundament. Sie hat Probleme mit anderen WKA-Betreibern. Die bauten nämlich ihre Anlagen in Hauptwindrichtung einfach vor unsere und »schöpfen« nun den Wind ab. Oder: Wir kauften uns ein dreirädriges Elektromobil, mit dem gerade auch die kleineren Strecken von bis zu fünfzig Kilometern problemlos zu bewältigen sein sollten. In der Praxis aber erwies sich das Fahrzeug als nicht wirklich tauglich: Die Batterien schwächelten oder fielen ganz aus. Durch häufige Werkstattbesuche entstanden hohe Wartungskosten. Durch die zu geringe Geschwindigkeit, vor allem bergauf, stellte das Fahrzeug mit seinen fünf PS ein nicht zu unterschätzendes Hindernis im Straßenverkehr dar. Dazu erwies es sich als absolut winteruntauglich und schließlich hatte es nur für eine Person Platz, was für eine Familie mit drei führerscheinlosen Jugendlichen einem kompletten Ausfall gleichkam. Und ob die Sicherheit bei diesem Fahrzeug wirklich gegeben war, hatten wir zum Glück nicht die Gelegenheit zu erproben. Zwei Jahre lang habe in der Hauptsache ich mich als Versuchskaninchen zur Verfügung gestellt – und dann reichte es. Jetzt fahren wir wieder einen normalen PKW mit Airbags, aber zumindest angetrieben durch Autogas.

Die Richtung stimmt also, aber ich komme mit meinen Bemühungen um einen nachhaltigen Lebensstil nicht so voran, wie ich möchte. Immer wieder stoße ich auf Widerstände und Ignoranz. Beim Einzug ins Pfarrhaus wollten wir, dass beim Innenanstrich Ökofarben Verwendung finden, die eben keine Umweltgifte in die Atemluft emittieren. Doch der Architekt zeigte statt Verständnis nur ungläubiges Erstaunen und erst einmal Ablehnung. Wir wollten ebenso auf eigene Kosten eine Anlage bauen lassen, durch die das Regenwasser für die WC-Spülung nutzbar wird. Aber dazu bedurfte es um der Hygiene willen erst einmal eines entsprechenden Gutachtens, das am Ende auch von der TU Darmstadt erstellt wurde. Wir legten Wert auf die Nutzung von Recyclingpapier für Kopierer und Drucker, aber – so hieß es im Amt – die Geräte würden das schlechte Papier nicht vertragen. Ebenso wollten wir eine Sonnenkollektorenanlage zur Warmwasserbereitung auf dem Dach installieren, aber dafür musste erst einmal die Denkmalpflege über einen langen kraft- und zeitaufwendigen Instanzenweg niedergerungen werden. Überzeugt ist sie noch lange nicht. Der Versuch allerdings, konsequent die Warmwasserbereitung immer ab dem 1. Juni vollständig der Sonne zu überlassen, führte zum Leidwesen meiner Familie bei anhaltend schlechtem Sommerwetter mitunter zu Warmwasser-Engpässen, ja geradezu zu einem Kampf um diese Ressource. Das anfängliche Motto: »Wer zuerst kommt, mahlt zuerst!«, löste das Duschproblem nicht wirklich. Als hilfreicher erwies sich dagegen der bewusst sparsamere Umgang mit dem Warmwasser und seine gerechtere Verteilung. Auch half ein geringerer Wäscheverbrauch oder gar das zeitweilige Aussetzen des Betriebes der an dem Warmwasserkreislauf angeschlossenen Waschmaschine. Trotzdem wäre für mich oft nur eine kalte Dusche übriggeblieben, wenn ich mich zum Glück nicht daran erinnert hätte, dass zu häufiges Duschen eigentlich für meine Haut gar nicht so gut sei. Heute haben wir die Anlage allerdings um zwei Kollektormodule erweitert.

Auf unserer wie auf den Kirchen der gesamten Landeskirche von Kurhessen-Waldeck darf – um Gottes willen! – nur ja keine Strom erzeugende Photovoltaikanlage (PV) installiert werden, obwohl durch die Ost-Ausrichtung der meisten Kirchen sehr gut zu nutzende Dachflächen zur Verfügung stünden. Dabei sprächen der nicht zu bestreitende ökologische Nutzen sowie die für einen Anlagenbetreiber betriebswirtschaftlich günstige Situation eigentlich für sich. Doch das hat bis auf wenige rühmliche Ausnahmen weder die Kirchenleitung noch die Kollegen in den Gemeinden trotz der allgemein zurückgehenden Einnahmen aus der Kirchensteuer aufmerken lassen. Unsere Kirchengemeinde bestreitet indes fast ein Viertel ihres Haushaltes aus den Erlösen der PV-Anlagen auf ihren Gemeindehäusern sowie ihres erdgasbetriebenen Blockheizkraftwerkes, das gleichzeitig sowohl Strom erzeugt als auch mit der Abwärme ihre Gebäude heizt. Ebenso finanziert sich die Demenzbetreuung unserer Kirchengemeinde über den Erlös einer PV-Anlage, die unsere kirchengemeindliche Stiftung auf dem Diakonie-Klinikum errichtete.

Als ehrenamtlicher Kirchlicher Umweltbeauftragter und -berater biete ich hierzu Informationsveranstaltungen in einzelnen Kirchengemeinden oder für die Landeskirche insgesamt an, doch das Interesse ist bis dato mäßig bis gering. Ökologie – eine »grüne« Nische? Schöpfungstheologie – eher ein Thema am Rande?

Abgesehen davon, dass die Energiegewinnung das Schlüsselproblem schlechthin darstellt, berührt sie meines Erachtens das Zentrum christlichen Glaubens, nämlich die Frage nach dem Selbstverständnis des Menschen.

Auch Jesus ist nach den biblischen Zeugnissen mit dieser Frage konfrontiert worden (Mt. 4,1–11). Denn wie allen Idealisten trat auch ihm sofort jener »Versucher« entgegen: »Du kannst aus Steinen Brot machen und – so du es willst – damit die Hungernden der ganzen Welt sättigen; du musst dich nur an die richtige Adresse wenden!« Heute kommt die Versuchung in anderem Gewande daher: »Du kannst das Energieproblem der ganzen Menschheit lösen, wenn du nur auf die richtige Karte setzt, dich der richtigen Kraft und Macht anvertraust. Dann kannst du dir mit Hilfe des nuklearen Feuers endlich DEINE EIGENE SONNE MACHEN, dir deine eigene Welt nach deinem Bilde, nach deinen Vorstellungen erschaffen! Was brauchst du da noch den ›Garten Eden‹! Du musst nicht länger vor seinen verschlossenen Pforten stehen, die Vertreibung aus dem ›Paradies‹ beklagen und auf Rückkehr hoffen! Du musst längst kein Bittsteller mehr sein. Du hast selbst in der Hand, was du aus und mit deinem Leben machst. Brauchst du diesen Gott dabei eigentlich noch? Du hast doch vom Baum der Erkenntnis und des Wissens gegessen. Du könntest völlig unabhängig und endlich dein eigener HERR sein!«

Wohlgemerkt: Die Atomkraft ist kein Teufelswerk, sondern von Menschen gemacht, aber gerade darum besonders gefährlich. Denn der Mensch ist nicht nur ein sehr unvollkommenes Geschöpf, das Fehler macht und Schuld auf sich lädt, sondern mit der Nutzung der Atomkraft kommt eine ganz besondere Haltung zum Ausdruck. Nämlich jene, dass, weil der Mensch schöpfergleich sich tatsächlich seine eigene Sonne machen kann und nun glaubt, den Status des dankbar Entgegennehmenden endlich hinter sich lassen zu können. Er glaubt, nicht mehr empfangen zu müssen, sondern uneingeschränkt nehmen und sich alles Greifbare, Machbare aneignen zu dürfen – und wenn nötig sogar unter Gewaltanwendung und mittels Ungerechtigkeit gegenüber Mensch und Natur. So wird die Gier zur Triebfeder seines Handelns. Doch hinter dieser hässlichen Fratze verkümmert das andere Gesicht des Menschen, das es ja auch gibt: seine Fähigkeit zu Mitgefühl und Fürsorge, zu Hilfs- und Opferbereitschaft, zu Bescheidenheit und Demut, zu Vernunft und Weisheit, aber vor allem auch zu der Einsicht in seine eigene Begrenztheit hinsichtlich seines Denkens und Verstehens, seines Planens und Handelns wie überhaupt seines ganzen Lebens. Der moderne Mensch hört das nicht gerne.

Im Gegenteil, er lenkt sich lieber ab, weicht solcher »unbequemen Wahrheit« lieber aus, ignoriert Botschaft und Botschafter. Der Christenmensch aber nimmt die Begrenztheit und Brüchigkeit seiner Existenz wahr und ernst, bringt sie ehrlich zur Sprache und – hoffentlich – zudem in den Fokus der allgemeinen Aufmerksamkeit, auch wenn er sich im günstigsten Falle nur Ärger damit einhandelt.

Aber was denken sich Christenmenschen eigentlich? Dass ihnen ihr Glaube hilft, möglichst komfortabel und geräuschlos durchs Leben zu schlüpfen mit Aussicht auf einen Ehrenlogenplatz im Himmel? Christ sein bedeutet immer auch ein Ringen und Kämpfen, Auseinandersetzungen führen und Widerstände aushalten, ebenso wie Verwundungen und Verletzungen erleiden, Anfeindungen ertragen und schließlich auch für blöd erklärt und gehalten werden.

»Kämpfe den guten Kampf des Glaubens!« (1.Tim. 6,12). Schon Paulus wusste, dass der »Job« eines Christenmenschen nicht darin besteht, auf Kuschelkurs mit den vielgesichtigen »Versuchern« dieser Welt zu gehen oder gar von solchen Strukturen zu profitieren, die zum Himmel schreien. Er sollte mit Martin Luthers Reformationslied wissen: »... der alt böse Feind / mit Ernst er's jetzt meint / groß Macht und viel List / sein grausam Rüstung ist / auf Erd ist nicht seinsgleichen.«

Martin Luther soll bekanntlich in seinem Turmzimmer auf der Wartburg ein Tintenfass nach ihm geworfen haben, Jesus hat den »Versucher« vertreiben können, indem er an biblischen Erkenntnissen und Einsichten festhielt: »Der Mensch lebt nicht vom Brot allein, sondern von dem Wort, das Gott spricht!« (Mt. 4,4); also nicht allein davon, dass er aus Steinen Brot machen kann oder Energie aus Kohle, Gas, Erdöl und Uranerzen, und auch nicht aus Windkraft und Sonne; hinzukommen muss das Wort Gottes. Selbst wenn wir in der Lage wären, aus Steinen Brot zu machen, davon leben könnten wir nicht, sondern erst, wenn uns Gott mit seinem Wort erreicht. Denn erst dieses Wort, die Begegnung mit dem lebendigen Wort Gottes lässt die Gedanken, Worte und Werke des Menschen nicht dem Profit und nur dem eigenen Wohlergehen, sondern stattdessen dem Leben überhaupt dienen.

Das zerborstene Atomkraftwerk im japanischen Fukushima wirft fünfundzwanzig Jahre nach Tschernobyl erneut nicht allein technische Fragen auf. Wenn gerade jetzt lauthals angekündigt wird, aus dieser neuerlichen Katastrophe lernen zu wollen, dann kann das nicht nur die Frage nach Reaktorsicherheit und dem zu minimierenden Restrisiko sein. Der Mensch steht auf dem Prüfstand, sein Selbstverständnis, und damit verbunden sein Lebensstil und sein Lebensentwurf! Es kann kein »Weiter so wie bisher!« geben. Auch nicht, wenn man Atomkraft gegen Sonnenkraft austauscht, um dann jedoch unverändert an der bisherigen Anspruchshaltung und Verschwendung von Energie und Ressourcen festzuhalten. Eine grundsätzliche Umkehr ist nötig.

UWE MARTIN KRAUSE, geboren 1956, ist seit 1986 Pfarrer der Evangelischen Kirche von Kurhessen-Waldeck. Seit 1989 ist er im Ehrenamt Kirchlicher Umweltbeauftragter und seit 1993 Kirchlicher Umweltberater. Krause ist verheiratet und hat drei Kinder.

SELBSTVERSUCH

von CHRISTINE ANLAUFF

Seltsam. Diese Ausnahmezustände, wenn es irgendwo in der Welt knallt, schwappt oder bebt. Natürlich, inzwischen braucht es schon mehr zu einer nationalen Schnappatmung, als einen Flugzeugabsturz oder zweihundert weitere Opfer eines bereits über Jahre andauernden und vom aufgeklärten Westen inszenierten oder zumindest geförderten Bürgerkriegs. Selbst die empfindsamste Synapse stumpft irgendwann ab, und auch ein empathietrainierter europäischer Frontallappen zeigt messbare Schockreaktionen nur noch angesichts Katastrophenmeldungen mit begleitenden Todeszahlen über eintausend, Tendenz steigend. So ist das eben mit dem Hirn. Es fühlt sich nicht für die Bewahrung der Schöpfung, sondern der Vitalfunktionen seines Wirts berufen, zu denen auch eine intakte Psyche gehört. Das gesunde Hirn empfängt Reize, wertet sie aus und gewöhnt sich. Und zwar fast an alles: Jährlich steigende Niederschlagsraten, das Abschmelzen der Polkappen, selbst an Bilder von mundschutzbewehrten Kleinkindern. Alarm schlägt es nur, wenn es sich mit einer Bedrohung konfrontiert sieht, für die es in der Erinnerung keine Vergleichsgrundlagen findet, oder bei persönlichen Verlusten, etwa dem eines Freundes, Verwandten oder mediengebeutelten Eisbären. Seltsam also, aber theoretisch verständlich: Die Nachrichten melden, in Japan hätte die Erde gebebt. Ich esse Spaghetti und beobachte meine Reaktion. Sie ist verhalten. Japan, spuckt mein zerebraler Speicher aus, ist erklärtes Erdbebengebiet. Tote – zunächst keine, die Japaner bauen nicht umsonst erdbebensicher. Kurz darauf: Eine Tsunamiwelle schlägt auf den Nordosten der Insel, die Anzahl der Opfer ist noch nicht bekannt, nimmt aber mit jeder späteren Meldung zu, bis sie die Zehntausender-Marke erreicht.

Ui! – sagt mein innerer Gefühlsverwalter betroffen. Zehntausend – unvorstellbar. Und paradoxerweise gerade dadurch erträglich, denn eine solche Zahl grenzt ans Abstrakte. Zwar lösen die Videoaufnahmen von schwimmenden Stadtteilen und Bussen auf Hausdächern ein undefinierbares Unbehagen in mir aus, das aber von der unmittelbar folgenden Meldung überspült wird: Das Erdbeben hätte Schäden an einem Atomkraftwerk in Fukushima verursacht, von einem der Reaktoren wäre die obere Hülle abgesprengt worden, die Kühlung der Brennstäbe sei ausgefallen, eine Kernschmelze zu befürchten. Diesmal komme ich gar nicht dazu, meine Reaktion zu beobachten. Noch während der Nachrichtensprecher redet, sprengt sich auch in meinem Kopf eine Hülle ab. Drohender Super-GAU, nicht nur in einem Reaktor wie damals in Tschernobyl, sondern schlimmstenfalls in sechs, in denen noch dazu Plutoniumbrennstäbe verwendet werden.

Nicht, dass ich im Augenblick des Schocks wüsste, was Plutonium in Brennstäben zu suchen hat, aber diese Lücke füllt sich bald. In den folgenden beiden Tagen erleben mein Partner und ich eine seltene, aber sehr wirksame Form der Paartherapie. Wie siamesische Zwillinge hängen wir vor dem Radio und inhalieren jedes neue Informationsbröckchen aus Japan. Erstmals erhalten die Kinder während der Nachrichten Redeverbot. Dabei wiederholt selbst der Kinderkanal im Fernsehen Endlosschleifen von Filmmitschnitten aus Fukushima und graphische Darstellungen von Atomreaktoren. Die beiden jüngeren wirken gleichermaßen interessiert wie verunsichert. Bisher waren Strahlen für sie lange, eigelbe Striche an den Sonnen ihrer Landschaftsbilder, jetzt sollen sie plötzlich unsichtbar und tödlich sein.

Um sie aufzuklären, zieht ihr Vater seufzend einen Teil des Physikunterrichtes vor. Wellen und Halbwertszeiten statt Playmobil und Nils Holgersson. »Kommen die giftigen Strahlen auch hierher?«, fragt unsere Jüngste endlich. »Nein«, sage ich, »die bleiben bei den Japanern.« Kurzes Aufatmen, dann: »Die armen Japaner.« Ja.

»Ach, so ein Unfall kann bei uns auch jederzeit passieren«, bemerkt unser Ältester mit spätpubertärer Häme. Wir werfen ihn aus dem Zimmer. Seinen Satz lässt er zurück. »Wirklich?«, fragt die Jüngste beklommen. »Also, so kann man das …«, setze ich an und breche wieder ab. Wie erklärt man einer Sechs-jährigen, dass ihr Bruder unrecht hat, wenn es nicht stimmt? Indem man sich feige auf ein kleines Wort zu-rückzieht: Jederzeit. Bei uns könnte es nicht *jederzeit* zu einem Atomunfall kommen. Würde sie das schlu-cken? Kinder sind manchmal wortbesessen, was, wenn sie antwortet: In Japan sei es schließlich auch nicht *je-derzeit* dazu gekommen, sondern jetzt. Richtig, wür-de ich sagen: Aber nur, weil es dort ein Erdbeben der Stärke 9,0 gegeben hat. In Deutschland ist dergleichen undenkbar. Das letzte nennenswerte deutsche Beben datiert um 1760 und brachte gerade mal eine Stärke von 6,4 auf die Skala – ein Klacks für einen modernen Reaktor.

Wobei: Darf man bei Atomkraftwerken, die zwi-schen 1957 und 1965 gebaut wurden, noch von *modern* sprechen? Hier droht eine Sackgasse. Also einfacher: In Deutschland gibt es keine Erdbeben, höchstens Erdzittern, Punkt. »Aber in Tschernobyl«, höre ich die Stimme unserer medienbewanderten Mittleren (elf), »hat ein Professor den Atomunfall während ei-nes Tests ausgelöst, kein Erdbeben.«

»Das war eine einmalige unglückliche Verket-tung von noch unglücklicheren Umständen. So etwas kommt höchstens alle tausend Jahre mal vor.« Un-geachtet der Tatsache, dass gespaltene Atomkerne uns erst seit knapp über fünfzig Jahren Energie liefern und es seitdem bereits drei ernstzunehmende Unfälle gege-ben hat: Fukushima, Tschernobyl, Idaho. Die Ursache für Letzteren fällt mir gerade nicht ein, wahrscheinlich war es aber auch etwas, das einmal in tausend Jahren vorkommt. An dieser Stelle müsste ich das Gespräch abbrechen, sonst kämen wir noch auf den mangelnden Schutz unserer Atomanlagen gegen eventuelle terroristische Angriffe aus der Luft, deren Wahrscheinlichkeit, sagen wir, bei etwa eins zu tausend liegt, und von dort auf den Atommüll.

Und dann schieben sich mir wieder Traumsequenzen zukünftiger Archäologen vor Augen, die in ungefähr tausend Jahren mit der Picke strahlend auf ein altes Endlager treffen. Was immerhin schon eine hoffnungsvolle Zeitspanne wäre. Es gibt Diskussionen, die kann man auch als Erwachsener nur durch einen Erfahrungsüberhang im Lügen gewinnen. Besser, man sucht galant und rasch – einen Ausstieg. Oder lässt sich gar nicht erst darauf ein.

Der Ausnahmezustand hält noch etwa drei Tage an. Der Rhythmus, wie gehabt: Radio, Arbeiten, Essen, Radio. Danach ein kurzes Auftauchen, um den Finger in den Wind zu halten. Fazit dieser ersten Wetterprobe: Der nationale Adrenalinschub ebbt langsam, aber doch merklich ab. Nicht viel anders als nach dem Grand-Prix-Sieg von Lena Meyer-Landrut oder der WM 2006. Obgleich in Japan noch immer Hunderte von Menschen verzweifelt gegen die Verhinderung des Schlimmsten kämpfen, erhält das »Schlimmste« bereits seinen festen Platz in der Jahresrückblicks-Gala der Fernsehsender, überlegen Redakteure vielleicht schon, welche Melodien die »Bilder, die die Welt im März 2011 erschütterten« feinfühlig umspielen können. Kurz darauf erreichen die ersten Spendengesuche für die Opfer des Tsunamis unseren Briefkasten, gefolgt von einem Aufruf zu einer Anti-AKW-Demo mit anschließender Lichterkette. Dem Aufruf beigefügt ist die handschriftliche Frage, ob ich auf der abschließenden Kundgebung einige Worte sagen würde. Ich schreibe zurück, dass ich an dem Tag leider auf der Leipziger Buchmesse und daher verhindert sei, es täte mir leid.

Wiederum zwei Tage später stehe ich in Halle 1 des Messegeländes in Leipzig und registriere benommen, wie etwa zehn Meter von mir entfernt zwischen Sektbläschen und wohlmeinenden Adjektiven der Preis der Leipziger Buchmesse für Belletristik verliehen wird. Und während die Laudatorin mit bebenden Lippen über einen außergewöhnlichen Roman spricht, der Sadomasochismus einmal anders darstellt, tut sich etwas mit meinen Ohren. Eine unauffällige Kleinigkeit, die aber bewirkt, dass die vollkommen störfall-freie Ansprache auf dem Weg in mein Gehirn mutiert. Von *Kühnheit der Konstruktion* ist zum Beispiel die Rede. Und ich denke: Sicher, aber im Grunde hat die Kühnheit bereits in der Absicht gelegen. Von *Eigenwilligkeit der Sprache*: Wohl wahr, angesichts Verlautbarungen wie: »Nach allem, was wir wissen, ist die Sicherheit unserer Kernkraftwerke am heutigen Abend gegeben.« Die von der Bühne schallende *Konsequenz des Konzepts* besitzt da beinahe nur noch eine unterstreichende Funktion.

Selbst durch die Messehalle 1 hat Japan seinen Weg

also gefunden, über die Allgemeinplätze einer Laudatio direkt in mein Gewissen. Warum bin ich hier und nicht auf der Demo? Wie sollte ich das nun wiederum meinen Töchtern erklären, speziell der Elfjährigen? »Die Mama hat etwas gegen den abgedroschenen Symbolgehalt von Lichterketten?« – »Aber ist dir Japan denn egal? Und unsere Zukunft?« – »Natürlich nicht, mein Schatz.« – »Dann hättest du doch wenigstens auf der Kundgebung reden können, wenn die dich schon dazu einladen.« – »Und worüber? Über die Gefahren der Atomkraft etwa? Die daraus resultierende Notwendigkeit erneuerbarer Energiequellen, unsere Maßlosigkeit, unsere Arroganz, die Natur in Koben passen zu wollen, um sie hernach zu melken? Den ganzen Sermon also, den neben mir auch viele andere schon seit Jahren predigen, auf die Gefahr hin, als stadtbekannte Spaßverderber nie wieder zu einer Party eingeladen zu werden?«

Seit dem 11. März ist diese Angst nun allerdings unbegründet. Spaßverderber sind plötzlich salonfähig, ja sogar gesucht. Man darf sich gut fühlen als Unke dieser Tage. Wichtig. Geliebt. Zumindest, solange man gewisse Grenzen nicht überschreitet. Vorn auf der Messebühne formieren sich Preisträger und Juroren zu einem Foto. Drei Sträuße mit farbenfrohen Sommerblumen. Dreimal beheiztes Gewächshaus, künstliches Tageslicht, elektrische Sprinkleranlage. Wie viel Watt? Die Alternative wären wahrscheinlich Schneeglöckchen gewesen. Und links das Phantom meiner Tochter. »Stellen wir uns mal vor«, sage ich leise zu ihr,

»ich wäre zu dieser Kundgebung gegangen und hätte Folgendes durch das Mikro gebrüllt:

Leben erhalten – Meiler abschalten, nicht nur ein paar hier und dort, sondern alle und sofort!

Was wäre passiert? Ich gebe mal einen Tipp ab: Man hätte geklatscht, und weil die Losung so schön gereimt ist, hätte sie ein spontaner Chor auch vielleicht noch auf dem Heimweg skandiert. Was, wenn sie aber stattdessen gelautet hätte:

Leben erhalten – Kühlbox abschalten – nicht nur eine, sondern deine, zwei Fitnesscenter gleich dazu, denn der Meiler, der bist du?

Es ist doch so: Zusammen gegen eine vermeintliche Autorität zu protestieren ist wichtig, aber auch einfach. Lautstark hervorgebrachte Entrüstung, das wird jeder bestätigen, tut gut, zumal wenn sie sich sichtbar in Wahlergebnissen niederschlägt. Entrüstung ist sogar ein erneuerbarer Rohstoff, wie die Geschichte zeigt. Allerdings lässt sie sich kaum in Wärmeenergie umsetzen, und ihre Halbwertszeit übertrifft die von Jod 131 nur geringfügig. Gefühle gleichen einer Parabel. Unser Energiebedarf gleicht einer stetig ansteigenden Funktion. Dagegen hilft Protest wenig, dagegen hilft nur ein beherzter Schnitt in den Wohlstandsspeck. Verzicht. Ein Wort, dem man den Schmerz förmlich anhört. Wer schneidet sich schon gern ins eigene Fleisch? Ich auch nicht. Andererseits: Wie viel lassen wir uns Versicherungen gegen Unfälle, überraschende Feuersbrünste und Diebstahl kosten? Gegen Atomunfälle und radioaktive Abfallprodukte gibt es nur eine Versicherung:

Abschalten. Und die ist sogar gratis, sie kostet nur den Abschied von der Vorstellung, alles haben zu müssen, was man haben könnte. Spaßbäder, Saunalandschaften, Wellnesscenter und Co., Freizeitparks, stadionartige Konzerthallen, in denen man vom Künstler ohnehin nicht mehr sieht, als bei einer Fernsehübertragung, die Aufzählung ließe sich beliebig fortsetzen. Braucht man das? Und wenn ja, wie oft und warum?

Kürzlich las ich in einer Studie der britischen Stiftung *new economics* über die glücklichsten Menschen der Welt, die Bewohner des Südsee-Inselstaats Vanuatu. Als Begründung gaben die Studienleiter Bescheidenheit und die völlige Freiheit von Sorgen und Ängsten an. Dabei wird Vanuatu regelmäßig von Erdbeben und Tsunamis heimgesucht. Sollte es wirklich so leicht sein? Einfach nur ein bisschen Bescheidenheit, in der Hoffnung, dass die Sorgen und Ängste dieser Tage sich in ihrer Folge in Licht, Wind und Wasser auflösen lassen? Warum nicht, es käme auf einen Versuch an. Deutschland lag auf der *rankinglist* des Glücks übrigens auf Platz 81. Auch daran sollte sich noch etwas ändern lassen.

Zwei Wochen später: Die Nachrichten aus Japan sind unverändert bedenklich. Aber das deutsche Gehirn passt sich an. Statt an Opferzahlen jetzt an Messwerte über zehntausend.

Die öffentlichen Proteste werden leiser unter ersten eilig erstellten Gutachten, in denen die Sicherheit deutscher AKWs beschworen wird. Lange wird es nicht mehr dauern, denke ich, bis aus dieser Lasur auf den Gewissen der Bürger ein reißfester Lack wird. Also alles wieder beim Alten? Nicht ganz. Irgendeine Spur hinterlässt jede Erschütterung. Ein Freund berichtete gestern, sein Untermieter hätte sich bei ihm erkundigt, woher er eigentlich seinen Strom bezöge. Und auf die Nachricht: es sei Biostrom, erleichtert aufgeatmet. Einige andere Freunde haben inzwischen den Anbieter gewechselt. Und wir fasten. Zusammen mit unseren Nachbarn. Es ist ohnehin Fastenzeit. Nur dass wir diesmal nicht auf Schokolade oder Alkohol, sondern auf Strom verzichten. Eine Stunde am Tag, von sechs bis sieben Uhr am Abend werden die Kabel gezogen, selbst der vom Kühlschrank, in dem sich deshalb momentan nur das Nötigste befindet. Eine Stunde ist nicht viel, aber es macht sich bemerkbar. Und zwar nicht nur in der monatlichen Energierechnung. Wie? Probieren Sie es aus.

CHRISTINE ANLAUFF wurde 1971 in Potsdam geboren. Nach einer Buchhändlerlehre, Abitur und zwei Jahren Jugendarbeit studierte sie Archäologie und Geschichte in Berlin/Potsdam. Sie hat vier Kinder.

C. ANLAUFF lebt und arbeitet als freischaffende Autorin in Potsdam. Im Aufbau Verlag (bzw. G. Kiepenheuer) erschienen: *Good morning Lehnitz* (2005), *Katzengold* (2010 – *Deutscher Katzenkrimipreis*).

ANMERKUNGEN

1   Der Beitrag basiert zum Teil auf einem längeren Aufsatz der Verfasser, der in *Smart Energy, Wandel zu einem nachhaltigen Energiesystem*, hg. v. Hans-Gerd Servatius, erscheinen wird.

2   Olav Hohmeyer, 2010: *2050. Die Zukunft der Energie. Der Weg in das regenerative Zeitalter und die Folgen einer Laufzeitverlängerung für Kernkraftwerke auf den Ausbau erneuerbarer Energien und dezentraler Mikro-Blockheizkraftwerke.* Eine Studie der Universität Flensburg im Auftrag der LichtBlick AG. Quelle: http://www.lichtblick.de/h/2050._die_zukunft_der_energie_382.php, Abruf 01.04.2011.

3   http://www.handelsblatt.com/unternehmen/versicherungen/atomunfaelle-nicht-versicherbar/3970798.html, 04.04.2011.

4   Bettina Meyer, Swantje Küchler 2010: *Staatliche Förderungen der Atomenergie im Zeitraum 1950–2010.* Forum Ökologisch-Soziale Marktwirtschaft (FÖS) im Auftrag von Greenpeace. Quelle: http://www.foes.de/pdf/2010_FOES_Foerderungen_Atomenergie_1950–2010.pdf, Abruf am 13.10.2010, sowie Bettina Meyer, Swantje Küchler und Oliver Hölzinger 2010: *Staatliche Förderungen der Stein- und Braunkohle im Zeitraum 1950–2008,* Forum Ökologisch-Soziale Marktwirtschaft (FÖS) im Auftrag von Greenpeace. Quelle: http://www.foes.de/pdf/Kohlesubventionen_1950_2008.pdf, Abruf am 13.10.2010.

5   LBD-Beratungsgesellschaft, 2010: *Folgen des deutschen Kernkraftausstiegs auf die Preise für CO_2-Zertifikate und für Strom. Plausibilitätsprüfung der Ergebnisse des im Auftrag des BDI erstellten Gutachtens »Ökonomische Auswirkungen einer Laufzeitverlängerung deutscher Kernkraftwerke«.* Gutachten im Auftrag der LichtBlick AG. Quelle: https://www.lichtblick.de/uf/pdf/pressemitteilungen/100600_LichtBlick-Studie_Atomausstieg_Stromkosten.pdf, Abruf am 04.04.2011.

[6] *Atomstreit spaltet deutsche Wirtschaft.* Zeit Online vom 23.08.2010. Quelle: http://www.zeit.de/wirtschaft/unternehmen/2010–08/energiepolitischer-appell-unterzeichner, Abruf am 14.10.2010.

[7] Joseph A. Schumpeter: *Kapitalismus, Sozialismus und Demokratie.* Stuttgart 2005 (deutsche Erstausgabe 1950).

[8] Bundesministerium für Umwelt, Naturschutz und Reaktorsicherheiteit 2010: *Erneuerbar beschäftigt! Kurz- und langfristige Arbeitsplatzwirkungen des Ausbaus der erneuerbaren Energien in Deutschland.* Quelle: http://www.erneuerbare-energien.de/inhalt/46538/4590/, 04.04.2011.

[9] Agentur für Erneuerbare Energien, 2010: *Beschäftigungsentwicklung in der Erneuerbaren-Energien-Branche im Vergleich zu anderen ausgewählten Industriebranchen.* Quelle: http://www.unendlich-viel-energie.de/uploads/media/Beschaeftigungsentwicklung98–09.pdf, Abruf 04.04.2011.

[10] Agentur für Erneuerbare Energien, 2010: *Factsheet »Volkswirtschaftlicher Nutzen des Ausbaus Erneuerbarer Energien«:* http://www.erneuerbare-energien.de/files/pdfs/allgemein/application/pdf/ee_zahlen_einleger_bf.pdf, Abruf am 13.10.2010.

[11] Bundesministerium für Umwelt, Naturschutz und Reaktorsicherheit, 2009: GreenTech made in Germany 2.0. Umwelttechnologie-Atlas für Deutschland. Studie von Roland Berger. Quelle: http://www.bmu.de/wirtschaft_und_umwelt/downloads/doc/43943.php, Abruf 13.10.2010.

[12] Strom kostet weniger als nichts, taz vom 27.12.2009, Quelle: http://www.taz.de/1/zukunft/wirtschaft/artikel/1/strom-kostet-weniger-als-nichts/, Abruf am 14.10.2010.

[13] Siehe Anmerkung 2.

[14] Stromdepot Norwegen, 3sat Nano vom 3.6.2010, Quelle: http://www.3sat.de/page/?source=/nano/technik/145807/index.html, Abruf 01.04.2011.

[15] http://www.lichtblick.de/h/schwarmstrom_288.php, 12.01.2011.

[16] Vgl. z.B. http://www.ok-power.de/?show=infos&sub=okpower, 04.04.2011.

[17] Kemfert, C., Holz, F., Hirschhausen, C.: *A Strategic Model of European Gas Supply.* In: Energy Economics, Energy Economics 30 (2008), S. 766–788.

[18] EU Kommission: *Communication from the Commission to the*

Council and the European Parliament: Report on Progress in Creating the Internal gas and Electricity market, Brüssel, 2008.

[19] EU-Kommission: *Communication from the Commission to the European Parliament, the Council, The European Economic and Social Committee and the Committee of the Regions. A Roadmap for moving to a competitive low carbon economy in 2050.* Brüssel, 8.3.2011.

[20] IEA (2010): *Internationale Energieagentur: World Energy Outlook 2010.*

[21] Kemfert, C.: *Ein Zehn-Punkte-Plan für eine nachhaltige Energiepolitik in Deutschland.* In: Gaia 16, (2007), 1, S. 16–21.

[22] Vgl. Bundesnetzagentur: *Jahresbericht 2007,* 29.2.2008, Bonn, S. 146–178.

Bundesnetzagentur: *Bericht gemäß § 64 Abs. 4a EnWG zur Auswertung der Netzzustands- und der deutschen Elektrizitätsübertragungsnetzbetreiber,* 8.1.2008, Bonn.

[23] Vgl. Deutsche Energie-Agentur GmbH (dena): *Kurzanalyse der Kraftwerks- und Netzplanung in Deutschland bis 2020 (mit Ausblick auf 2030).* 12.3.2008, Berlin.

[24] Vgl. Kemfert, C., Traber, T.: Strommarkt: *Engpässe im Netz verhindern Wettbewerb, DIW Wochenbericht,* Nr. 15 (2008), S. 178–183.

[25] »CO_2-freies« Kraftwerk ist als Bezeichnung insofern irreführend, als dass es technisch schwer möglich sein wird, das gesamte CO_2 abzuscheiden und einzulagern, daher ist der Begriff »CO_2-armes Kraftwerk« richtiger.

[26] Der WBGU veranschlagt Zusatzkosten durch CCS von 100–250 US-Dollar pro Tonne CO_2, siehe WBGU (2003), S. 94–98. Optimistischere Schätzungen gehen von einem Abscheidungspreis in Höhe von 30 US-Dollar bis zu 60 US-Dollar pro Tonne Kohlenstoff aus, siehe IPCC (2005).

[27] Kemfert, C.: *The European Electricity and climate policy: Complement or substitute?* In: Enviroment and Planning/C 25 (2007), 1, S.110–130.

[28] Präambel des Vertrags zur Gründung der Europäischen Atomgemeinschaft (Euratom).

[29] Schneider, Mycle (2008): Nuclear Power in France. Beyond the Myth, Paris, 2008.

[30] Greenpeace International (Hrsg.) (2011): Battle of the Grids, Amsterdam, 2011.

[31] Die Greenpeace-Studie bezieht auch die Nicht-EU-Länder Schweiz und Norwegen sowie die Balkanregion mit ein.

[32] Öko-Institut (Hrsg.) (2011): The Vision Scenario for the European Union. 2011 Update for the EU-27, Freiburg u. a., 2011.

[33] European Climate Foundation (Hrsg.) (2010): Roadmap 2050, Den Haag/Brüssel, 2010.

[34] Mitteilung der Europäischen Kommission vom 26.11.2011: COM (2011) 21, Brüssel.

[35] Mitteilung der Europäischen Kommission vom 08.03.2011: COM (2011) 112, Brüssel.

[36] Heinrich-Böll-Stiftung (Hrsg.) (2010): Systems for Change: Nuclear Power vs. Energy Efficiency and Renewables?, Brüssel, 2010.

[37] In Schweden verfügen bereits seit 2009 alle Haushalte über die Geräte, in Italien ist die Installation seit 2006 verpflichtend und in Frankreich startete 2010 eine Testphase.

[38] Heinrich-Böll-Stiftung (Hrsg.) (2010).

[39] www.100-ee.de.

[40] www.ews-schoenau.de.

[41] Scheer, Hermann (2005): Energieautonomie, München, 2005.

[42] Wegener, Bernhard: Die Kündigung des Vertrages zur Gründung der Europäischen Atomgemeinschaft (Euratom), Erlangen-Nürnberg.

[43] European Climate Foundation (2010); Scheer (2005).

[44] Heinrich-Böll-Stiftung (2010).

[45] RP7 Euratom.

[46] Mitteilung der Europäischen Kommission vom 04.05.2010: COM (2010) 226.

[47] Schneider, Mycle (2008): Nuclear Power in France. Beyond the Myth, Paris, 2008.

TEXTNACHWEIS

Warum nicht auch einmal wir – Auszug aus *Störfall. Nachrichten eines Tages* von Christa Wolf, 1987, Berlin 2009. Abdruck mit freundlicher Genehmigung des Suhrkamp Verlags.

Wie kam es zur Laufzeitverlängerung? von A. Blasberg, M. Geis, T. Hildebrandt, A. Kemper, R. Kirbach, H. Sussebach, W. Uchatius und S. Willeke – DIE ZEIT, Nr. 13, 24. 3. 2011

Eine katastrophale Geschichte von Birgit Schumacher – Öko-Test Magazin, April 2011

Immer mehr ist immer weniger – Wer bestimmt eigentlich über den Fortschritt? von Richard David Precht – DER SPIEGEL; Nr. 5, 2011

Zwei Versuche, mich Tschernobyl zu nähern von Landolf Scherzer – *Letzte Helden. Reportagen* von Landolf Scherzer, Berlin 2011

Wir machen alles selbst von Christiane Grefe – DIE ZEIT, Nr. 13, 24.3.2011

Alle anderen Texte sind Erstveröffentlichungen.